我想要獨自生活！

비혼수업

姜寒星、金亞藍、李相似、池娜里、河賢智——著
黃莞婷——譯

前言
不將就的不婚人生，原來這麼快樂！

二十代[1]不婚主義者，既陌生又期待

終於下班了，我拖著疲憊的身軀離開辦公室，坐著一整天實在全身痠痛。擠進了下班尖峰時刻的地鐵，感受著地獄般的擁擠。熱浪撲面而來，空氣悶熱潮濕，或許是缺氧的原因，我不由自主地大打哈欠，呆望著透過車廂人群勉強看見的窗外風景。

距離我就業已經過了六個月，我終於擺脫大學考試的煎熬、學分的挑戰，抵達「就業」這個終點站，但一切並未結束，而是另一個開始。我並無負面想法，反覺得自己應該更努力，為未來目標打下穩固基礎。這只是我即將迎接的無數職場與社會經驗中的第一步。透過這份工作經驗，我將有更廣闊的發展空間。

我之所以會這麼想，是因為我下定決心選擇不婚。選擇獨自生活，上天所賜予的時間變得更加珍貴，為了打造充實的單身生活，我不能安於現狀，必須持續追求更多成就，活出有意義的每一天。

我現在還在適應職場生活，也曾因不熟悉工作而慌亂。每當遇到那種情況，前輩就會安慰我，告訴我他以前也曾如此。有時候，我會忘記自己是因為對這份工作的熱愛而不斷努力。做自己熱愛的工作，並靠那份工作維持生計並不容易。

我看了看手機，再次抬起頭。窗外景色不斷變換。雖然地鐵總是在同一個區間上來來去去，景色卻不是一成不變的，會隨著當天的天氣、季節、星期幾而呈現截然不同的面貌。我突然意識到自己的生活也與之相似，看似日復一日，每天都大致相同，卻沒有完全相同的一天。不同的景象陪伴我度過不同的每一天。

三十代不婚主義者，漸漸熟悉的生活

響徹天際的鬧鈴聲吵醒了我，時鐘指向七點四十分，我摳下眼角的眼屎，下了床，穿上放在床

1「代」在韓文中指某個年齡段，以十年為單位劃分。二十代則指二十到二十九歲，以此類推。

頭的襪子，搖搖晃晃地走出房間，倒了杯水，再從冰箱拿出事先準備好的食物放在餐桌上。其實那是昨天的便當，但昨天趕著上班忘了帶。我厭倦了公司的供餐，於是一週前開始試著自己做便當，不過還沒養成習慣，很常忘記。我順便將一份小份的冷凍飯加熱。相信這會是一頓豐盛的午餐。我洗好澡，換了衣服，拿起雨傘出門。雖然我討厭雨天，卻也不得不走在下雨的上班路上。上班吧。

一早來到公司，第一件事就是泡咖啡，讓咖啡因注入我的身體，同時查看今日待辦事項。我從抽屜裡拿出抗藍光眼鏡戴上，現在開始工作吧。辦公室裡充滿了窗外的雨聲和鍵盤敲擊聲。到了三十代，工作變得熟能生巧，生活也找到了穩定感。在這間公司超過七年，感到厭倦的時期已成過去，現在我對於自己的工作感到自豪，甚至快要成為專家了。

「〇〇，你什麼時候結婚？」

「什麼？」

「我們剛才吃飯聊到……」

又開始了。我正在悠閒享用自己帶的便當，卻突然中槍。不知道是不是因為在公司餐廳吃飯，離過婚的上司突如其來地搭話。不過對這種事，我很習慣了。起初我會認真回答，我對結婚沒興趣，我是不婚主義者，為什麼會問這樣的問題？但不知道上司是不是左耳進、右耳出，過沒多久又會問同樣的問題。

「我沒錢。」

現在我都會敷衍了事。對只是想找話題尬聊的上司解釋我為什麼是不婚主義、為何做此決定、為什麼沒有結婚的念頭，無疑是徒勞。工作已經夠累人了，我不想在無關緊要的對話上浪費精力。與其爭論不休，取得嘴皮上的勝利，對話的效率更重要。我匆匆將剩下的飯塞進嘴裡。

四十代不婚主義者，簡明幹練的日常

我回到家就立刻走進浴室沖澡，頭髮稍微吹乾後，坐在床邊的椅子上，翻開以前讀過的書，根據當天的心情，我偶爾會配點小酒。閱讀一段時間後，感覺頭髮已經乾了，就闔上書本，上床睡覺。明天是週末，是每個上班族都期盼的兩天。

從沒拉好的窗簾照進的耀眼陽光喚醒睡夢中的我，我像幽魂一樣爬起，拉開窗簾。突然照射的陽光讓我不由自主地瞇起眼睛。視野變得開闊後，好不容易才找到了焦點，我卻又攤回床上，反覆摸索著床頭的手機，好不容易摸到後，迷迷糊糊地看了時間。

09：36。我起身伸了個懶腰。家裡有什麼可吃的呢？簡單洗漱後看了下冰箱，把奶油和果醬放到餐桌上，再用吐司機烤吐司，把冰箱剩下快壞掉的生菜、小番茄和芹菜等倒上巴薩米克醋，做成簡單的沙拉。做沙拉時，麵包也烤好了，砰地跳了出來。我坐到餐桌前，在微溫的吐司上抹上奶油，奶油被吐司的熱氣融化、滲透。就隨便打發的早餐來說，還算不錯。然後我才查看手機跳出的通知。有人因自己太晚才傳照片而致歉，並附上上次聚會的照片。我儲存照片後，上網開始看新聞，點擊股票標籤，瀏覽當天的經濟相關新聞。

刷牙後，我打算打掃家裡，這不同於平日隨便拿吸塵器吸一吸，因為週末是我定的大掃除日。我拿出吸塵器，徹底吸遍每個角落、床底下，甚至是不容易看到的死角，因為到處都藏著看不見的灰塵。清潔完畢後我放了音樂，藍牙喇叭裡響起爵士樂。我繼續擦地板、發動洗衣機，洗掉堆積一個禮拜的衣物，然後晾好；抖動被子，把所有物品歸回原位，時間逐漸推移。在家中度過的平凡週末瞬間已經過去了一半。

我和住在附近的不婚朋友約好一點半在附近的公園散步，再去逛傳統市場。我們邊散步邊聊股票話題。有人說最近股市不景氣，看到止損出場的股票繼續跌，大呼幸好逃得快，也有人說近期搭上熱門話題的股票股價可能會一飛衝天，還有人說打算進行長期投資，正在尋找好的標的物。你一言我一語，掌握金錢脈動的話題總是令人愉快。

回到家後，我洗了澡，拿著筆記型電腦坐在沙發上用excel整理家計簿。這是我為了未來穩定的老年生活養成的習慣。用excel整理可以隨時掌握財務狀況，記錄支出的主要項目和管理資金。我持續未雨綢繆，替自己的生活作好準備。

當你閱讀上述描述時，腦海中出現怎樣的畫面呢？是否與你原本對不婚主義者的一天的想像大相徑庭？還是會說：「哇！比我想像得好太多了！」

許多人認為「不婚」意味著一種截然不同的生活方式，但其實不婚主義者的日常並沒有特別之處。我並不是在宣揚或提倡不結婚，也沒有意圖強烈地否定所有結婚的觀點。不婚只是一種生活選擇，讓我們能過悠閒、舒適、愉快且充實的生活，同時能以「自我」為中心，享受平凡的日子。

本書是由五位不婚主義者聚在一起所撰寫的，我們以「不婚」為主題，在書寫過程中產生了許多有趣的交流。很高興能用自己的聲音來描述我們的生活和故事，同時也開始思考，真的有必要將這種自然的生活方式特別寫成一本書嗎？

然而我們都清楚，在現代社會，不婚生活並不是一個被廣泛接受的選項，「不婚」一詞的使用也並不普遍。我們希望這個社會能夠接納多元的生活方式，不再用有色眼鏡看待不同的選擇。對我們來說，不婚是理所當然的生活方式。寫下這本書的目的，也是希望其他不婚主義者看到我們堂堂正正地生活，能從而相互支持。希望本書能為還在猶豫是否要選擇不婚的人帶來勇氣。

了解你的不婚潛力值

了解你的不婚潛力值
如果你好奇自己能否過好不婚生活，可以藉由以下測試，看看自己的不婚實力。請回答以下問題，選出最符合您的選項：

- □ 覺得人生苦短，想用所有喜歡的事物填滿我的人生。
- □ 想擁有健康的身體，正在努力運動。
- □ 一個人住時，有考慮過獨自生活需要哪些條件。
- □ 為了穩定的生活，正在進行儲蓄與理財。
- □ 閒暇時，努力開發與培養新技能。
- □ 想像晚年的自己時，會感到期待。
- □ 懂得生產性活動的重要性。
- □ 想在自己的領域獲得認可。
- □ 老了也想繼續工作。
- □ 決心要實現自己的無限可能。
- □ 不想被稱呼為「某某媽媽、某某爸爸、某某的媳婦」，更希望別人稱呼我的名字。
- □ 可以在任何時間去想去的地方，不受限制。
- □ 想成為自己人生的主人。
- □ 認為自己不該被社會所定的狹隘框架限制。
- □ 同意結婚是一種選擇。
- □ 能解釋未婚與不婚的差異。
- □ 認為不婚生活是生活型態的一種選擇。
- □ 身邊有朋友會一起聊不婚的事。
- □ 想像過未來過不婚生活的模樣。
- □ 認為實現自己的夢想比迎合他人視線更重要。

+ 計算分數

6 個以上：不婚生活初級者，相信自己的無限潛力，加油吧！
12 個以上：準備充分的不婚生活中級者，請制定出具體計畫吧！
18 個以上：已經是不婚生活高手的你，不婚就是你最佳選擇！

目錄

PART 3 從現在開始，學會照顧自己的一人生活

PART 4 不婚將帶你開創更多可能

PART
1

不是「還沒」結婚，是「決定」不結婚

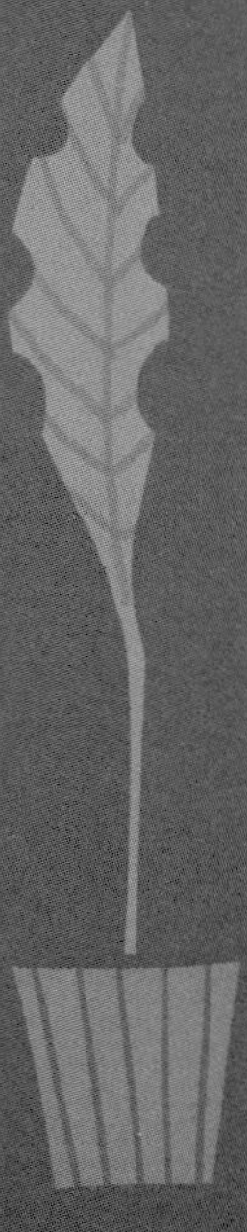

婚姻是人生必需品？

這個世界變化太快、社會過於繁忙，我們好像永遠在在無形的軌道上奔跑，無法停下腳步。大家一定都很熟悉這種模式：要上好的國中才能上好高中，上了好高中才能上好大學，上了好大學才能找到好工作……所以我們拚命努力，終於擠進狹窄的就業門檻後，突然又有人對我們說，現在該結婚了！

社群媒體和新聞裡處處都是對愛情的讚美，好像即使明天是世界末日，人們今日依然會高喊愛情萬歲。但到底什麼是真正的愛情？什麼是婚姻呢？

婚姻就像是在名為人生的ＲＰＧ遊戲中出現的一項主任務。當我們踏上遊戲的旅程，這個任務就會突然跳出來。讓我開始思考，如果我遇到這個任務該怎麼辦呢？我已經厭倦了朋友介紹和相親這些奇怪的過程，而且接下這個任務，就可能改變整個遊戲的結局。這個問題困擾我許久。不知該如何是好。

您不打算結婚嗎？

任務視窗突然彈出，讓我陷入困惑：必須結婚嗎？我的思緒像下班時地鐵的擁擠人潮一樣混亂。本來就在煩惱了，現在又被推擠得更加心神不寧。說定不結婚反而比較好。我閉上雙眼，選擇關掉任務視窗。原以為拒絕這個任務會引發災難，大概當個特立獨行的怪咖就會有這種感覺，明明沒做錯事，卻不知為何有種被責難的感覺。不過這種感覺只是暫時的。就像地鐵從江南站出發，等經過蠶室站就會變得冷清一樣，我的情緒也漸漸找回平靜。

我決定選擇不婚。而且數年後的今天，我仍然過得很好。不僅是我，一起寫下這本書的其他五位不婚主義者都過得很幸福。

媽，我想一個人生活

我第一個告知不婚決定的人是我媽。老實說，我就是因為我媽才決定不結婚的。我媽在忍受丈夫和他的家人溫柔卻獨斷的多年折磨後，經常說「你們長大千萬不要結婚」。也許正因如此，當我告訴我媽「我決定一輩子不結婚，獨自生活」時，她並不驚訝，只說不管我想單身還是找個對象結婚，只要按照自己的意願生活就好。

然而，對於我要一輩子獨自生活的想法，身邊的人反應都與我媽不同，大多是負面的，例如「婚後能獲得的幸福，沒結婚是不知道的」、「說不定你以後會遇見喜歡的人，為什麼現在急著斷言自己不婚」、「說這種話的人都最早婚」。我實在好奇，不婚又不是天外飛來的概念，只是從「不結婚也能一個人有趣的生活」變成了「獨自生活」、「單身生活」、「單身主義者」，又變成「不婚」而已。儘管近來韓國綜藝節目《我獨自生活》等節目大受歡迎，單人家庭受到關注，但大眾的認知仍傾向「人還是要結婚比較好」。

彷彿已婚又彷彿未婚又彷彿不婚的我

每一個行動都有其原因。我們運動是為了保持健康的身體，閱讀是為了豐富內心的力量。那結婚又是為了什麼呢？大家結婚的原因又是什麼？

首先從傳統角度來看，結婚是一個約定俗成。古今中外，結婚一直是維持家族或擴張影響力的最有效途徑。從《權力遊戲》（*A Song of Ice and Fire*）中就可以看到劇中人物因婚姻而交織出龐大複雜的關係網。過去除了「結婚」，似乎沒有其他選擇。結婚這個制度有著悠久歷史，成為理所當然的路。這種認知在我們的語言中也能體現，勾選婚姻狀態的選項不是「YES or NO」，而是「YES or unYES」。

韓國國立國語院對婚姻的定義如下：男女正式建立夫妻關係。換句話說，結婚意味著男性與女性達成社會協議的關係，是社會所承認並關注的關係。自人類文明發展以來，在大多數男性為家中主要決策者的社會裡，男性的地位優於女性，結婚符合這樣的社會風氣——家中主要決策者通常會考慮「面子」問題，選擇社會地位比自己低的女性作為配偶。此外，男性需要具有一定的經濟能力和力量才能成為家中主要決策者，而女性則專注於家務與育兒。即使是同樣家庭出身，擁有相同血統和地位的孩子，男性會被賦予更多機會進入更好的社會，而女性則被迫輔助男性。自然而然地形成了男主外，女主內的型態。

這種思維一直延續到現代，將人分成「ABCD理論」就是一個代表事例。婚姻媒介公司在評價女性時，常以高學歷或留學經歷等條件為扣分要素。ABCD理論的解釋如下：若將人分成等級，A等級男性通常希望與B等級女性結婚；B等級男性則希望與C等級女性結婚。因此，A等級女性和D等級男性最後可能會找不到合適的對象。在婚姻市場上，很多人會用ABCD理論來解釋社會地位或個人能力傑出的女性，以及社會地位或個人能力較低的男性，都難以結婚的現象。在這個競爭激烈的社會中，將人畫分等級來追求「結婚」，只會加劇人們的焦慮和不必要的壓力。

當兩人努力磨合後，終於踏上紅毯，是不是真能像童話故事中的主角一樣幸福快樂的生活呢？我在網站上搜尋「婚姻生活」，卻找不到期待的美滿家庭或幸福生活訣竅的相關文章，反而充斥著許多與離婚相關的內容，像是夫妻諮商、訴訟和尋求律師的幫助等。根本找不到幸福結局（happy ending），只有幸福終結（happy end），在網路上，處處都是渴望幸福的人。

韓國社會將人們分成「已婚」和「未婚」，即結婚了和還未結婚的人。「未婚」的「未」意指「還沒有、尚未完成」，也就是「not yet」。換句話說，未婚只有結婚才能變成「完成式」。這種觀念在韓國社會存在已久，從政府機構到企業文件，甚至網路問卷調查提供的個人婚姻狀態選項，都只有「未婚」和「已婚」。

初次見面的社交場合，「結婚」成為常見話題。如果說要成為社會的完整一份子，就得要有結婚關係，那麼已婚的人理應感到幸福才對。可是現代社會卻在傳遞「並非如此」的訊息。

與陌生人共度一生

這次，我決定用更可靠的搜尋引擎來收集資訊，透過韓國專業分析機構的ＡＩ服務了解大眾對「結婚」的感受。結果發現，搜尋到的內容和之前沒有顯著差異。關於婚姻的感受相關詞彙，包含表達滿足的「幸福」、「喜歡」、「美滿」等，也有直接表達情緒的「離婚」、「暴力」、「哭泣」、「害怕」與「厭惡」等。將正面與負面的相關詞彙進行比較，排除掉「愛」這個詞彙，負面詞彙比正面詞彙多出六十一％（截至二〇二〇年三月）。

我之所以排除「愛」這個詞，是因為愛並不能被完全歸類為全然正面的詞彙。結婚和愛情這兩

「婚姻」感受相關詞彙 TOP10

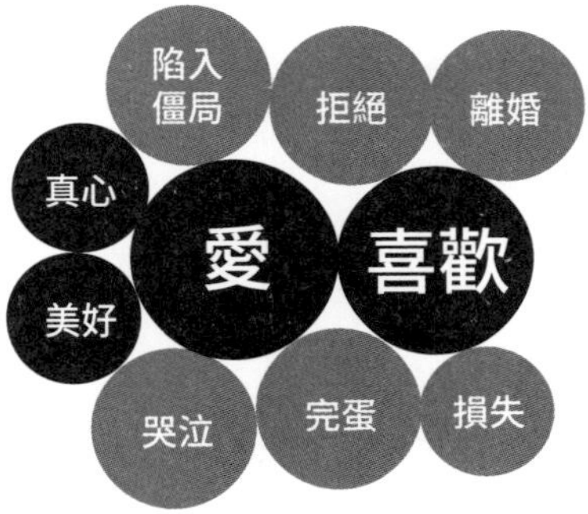

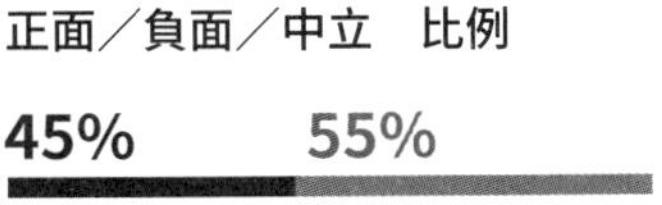

（出處：daumsoft）

個詞彙經常被視為高度相關，然而愛情會同時帶來幸福與不幸，人們對愛情也有著截然不同的反應。有些人因為深愛對方而希望結婚，而有些人可能會感到另一半不夠愛自己，這展現出愛情的兩極化。我希望透過大數據找到幸福婚姻生活的例子，顯然未能如願。

要和一個過去數十年都是陌生人的人，在一夕之間突然搬進同個屋子裡住，並且不得不共度一生，這種婚姻慣例讓我產生疑問。我越是思考婚姻制度，疑心就越加強烈。而且有許多人跟我一樣，開始對結婚這項任務產生根本性的質疑，有人開始選擇「No」——拒絕接受這個任務，而不是僅僅是還沒有接受這個任務的「unYes」——不是「還沒」結婚，也不是「結不了」婚，而是「不」結婚。

「不婚」這個選擇是近來才出現的，它用「不」婚而不是「未」婚來表示——代表我不會與任何人結婚，我選擇與自己共度一生。與尚未進入婚姻體制的「未婚」相比，選擇擺脫婚姻體制、決定過自己的人生，是有顯著差異的。對所有決定不婚的人來說，這種信念有著舉足輕重的份量。

就像「理想」與「幻想」兩個詞只差一個字，意義卻完全不同，「未婚」和「不婚」也是如此。「我未婚」表示我目前還沒結婚，但將來可能會結婚；而「我不婚」表示結婚不在我的人生計畫中。言語具有強大的影響力，所以在交談中，我們都應謹慎選擇定義自己狀態的用詞。

當大家眾口一致地表示「婚姻是必須的」，在這個競爭激烈的社會，即使是被封為白馬王子的男性也都忙著為自己持續累積華麗的履歷。無論是結婚或不結婚，人生都充滿了辛勞，我們真的需要增添更多痛苦嗎？

或許我們需要反過來質疑一下這個人生中最浪漫的幻想。我想每個人都曾想過，卻很少人說出口，展開真正的尋找自我之旅。假如你正猶豫是否要結婚，我希望你能聽一聽接下來的故事。

不婚，到底是什麼？

「我不婚！」

在你的想像中，這句話的語氣和感覺是如何呢？即使千禧年已過去二十五年後的今天，似乎仍需要用堅定的表情來宣告不婚的選擇。現代社會有各式各樣的生活方式，我們從小就被教育要尊重多樣性，但在婚姻這個議題上只要稍微偏離社會所認定的形態，全世界就會大驚小怪，不斷詢問「為什麼不結婚？」「有什麼問題才結不了婚嗎？」

這些私下議論的背後雖非全然出自惡意，但我們常常忽略去聆聽說出這些話的人的真正想法，這其實是一種侵犯人權的行為。

在韓國社會中，「結婚」被視為一個正常的人生階段，從小孩子看的童話書到電視劇中，都強調「結婚後過著幸福快樂的生活」作為結局。

媒體不斷宣揚婚姻是人生必須取得的成就，例如替男女配對，或是讀不出對方的心動信號就大事不妙的戀愛綜藝[2]等。媒體所傳遞的訊息都朝「結婚」這個終點站狂奔。

不結婚，真的就活不下去嗎？

我同意結婚可能帶來幸福，但並不是所有人都能因此變得幸福。可是在我們的社會，結婚被視為「絕對的善」，就像什麼靈丹妙藥能解決一切問題。然而在二〇一六年九月，有一群人毅然決然地拒絕了社會對「正確生活」的定義，選擇了自己想要的生活方式，他們首次提出「不婚」一詞，也為這種生活方式取了個名字。「不婚」一詞開始在網路上傳開。

二〇二〇年一月二日，某日刊的企畫報導介紹了不婚女性社群「emif」，標題是《沒有男人也能好好生活：越來越多的不婚女性生活共同體》。該文章在凌晨五點上傳後，截至當天早上九點已經收到六千則留言，不到二十四小時，留言數接近千則。仔細閱讀這些留言，可以看出韓國社會對待「不結婚的人」的眼光。留言中有超過一半的人問：「是女同性戀嗎？」「想當男人就去動變性手術」「對國家沒有貢獻就不要享受稅金的優惠」「不履行生育義務就去當兵」等。這些留言的人非常激憤，不婚話題引發關注，實在讓我驚訝。為什麼有這麼多人在意別人的不婚生活？

結婚與生育有關嗎？

決定不婚，並不代表就是同性戀者「出櫃」，也不是想變性，更不會因此成為不用納稅的特權族群。不婚的人和其他人一樣都是納稅的國民，有權利享受穩定生活的保障。在那篇報導的留言中，最讓我注意的是生育與參軍的連結性思考，唯獨韓國會無端地將生育和國防義務畫上等號，這種錯誤認知，源自於人們普遍認為婚姻與生育是因果關係。

儘管從二〇一五年開始，單人家庭數量呈幾何級數成長，讓許多人對傳統「正常家庭」的幻想有所破滅。可是至今只要提到「正常家庭」，仍有不少人會自動聯想到一對夫妻和兩個孩子的結構。如果僅止於此或許還可以接受，令人遺憾的是，許多人將「正常」之外的生活型態均視為「不正常」。問題不在於他人的指指點點或同情目光，而是他們對不同生活方式感到新奇或反常，這種反應源自於他們希望每個人都能符合所謂的「正常」標準。

或許因為如此，當有人說「我不結婚」時，就會被問及對政府「提高生育率」策略有何看法？結婚和生育是兩個不同的議題，若不將結婚和生育分開來討論，我們永遠無法找出低生育率的真正原因，也難以解決問題。「結婚是理所當然的社會行為，婚後生育是理所當然的過程，這是每個國民必須承擔的義務」，這種想法是錯誤觀念。

假如真的關心生育率，應該將焦點放在未婚生育、生子後的離婚、單身但想要孩子的人身上。

2 指韓國戀愛綜藝節目《Heart Signal》。

無論是從國家或個人角度來看，低生育率與結婚無直接關聯，我們應該將精力投入改善現行社會補助制度，以確保補助金真正惠及各種生育情況。唯有正確理解因果關係，才能正確對待不婚者的選擇和他們的生活。

一人份的生活

宣布選擇不結婚後，很多人問我：「不孤單嗎？」令人驚訝的是，決定不結婚後，我還真沒空感到孤單，相反地，多出更多時間與志同道合的人聚會、分享理財技巧、股票投資等；與有相同人生目標的人交流；和喜歡電影或舞臺劇的人一起欣賞；一起運動，增強體力；交換職涯情報，以便累積更多工作經驗；而當我們想出去浪跡天涯時，能不受婚姻束縛，隨時出發。

或許你已經留意到，這些事並不僅限於不婚的人，只是在我決定過不婚生活後，我的心態產生了轉變。參加聚會時，我不再分心想著「也許我會在某個聚會上遇見我的另一半」，而是完全專注於聚會主題。不再費心追求別人的目光和讚美，而是把重心放在新的方向上。過度期待遇見另一半，容易讓人太在意「別人怎麼看我」所衍生的各種煩惱，反而讓生活的很多部分失去了活力。

當我改變了觀點，身邊和我選擇相同生活方式的人變多了，我與其他不婚者組成了社群共同體，建立起更親密的關係與互相信任的機會。有趣的是，我不再固執於特定的情感關係，與不婚者之間的關係更加親密且愉快。我習慣了自己做決定，不再依賴情感上的依靠。我不僅找到了個人空間，也能更自在地與他人分享情感。而隨著生活範圍從「我的生活」擴展到「我們的生活」，我重新開始思考：真正喜歡一個人是什麼感覺。

「人是不完整的，無法獨自生活」，這句話乍聽似乎有道理，人與人的關係本來就是互補，卻不必非要受到「婚姻」的束縛，也能形成這種關係。而且，這種關係往往因為彼此不會侵犯對方的領域，透過友誼的連結會更加健康。當我遇到志同道合的朋友，組建了不婚共同體，這種想法就變得更加堅定了。

「既然要這麼自私的生活，就不要貪圖稅金」這句話透露出人們對不婚人士的刻板印象，認為他們不懂規畫老年生活。這種意識流是從：不生育→不貢獻勞動力→個人主義→自私。不要貪圖稅金」意思是不為國家勞動力生產做出貢獻的人，就不該享受國家的稅收優惠。為什麼會出現這種邏輯呢？不婚生活並不代表不納稅，甚至在這個以婚姻為基本價值的社會，許多基本福利待遇都是專為「結婚主義者」設計的。因此，即使為了自己的穩定生活，我們也不能置身事外。認為不婚主義者會享受特殊待遇，根本是偏見。

不婚並不等於「我要一個人生活」。有些人潛意識認為自己的人生還是「未完成」，有些人則有意識地認為自己的人生已經是「完成式」，並正過著自己選擇的人生。這兩種不同心態帶來的結果相差甚遠。我並非認為人生一定要完整，而是希望我們能站在對方的立場上，以符合ＴＰＯ原則[3]的方式交流彼此的感受。尊重他人，就像尊重自己一樣，培養避免讓他人不舒服的智慧。

3 指時間（time）、場所（place）、情況（occasion）。

結婚就是正常，不婚就是異常

即使我說不婚生活能帶來人類所需要的一切滿足感，但在韓國社會，不婚主義者依然遭受冷眼相待。當有人表示「我不婚」時，常被貼上自私或對晚年無規畫的標籤。不婚主義者真的是怪人嗎？以下是一些曾公開宣布或承認自己是不婚主義者的名人說過的話：

「結婚？不要過度想像婚姻。」
「作為別人的女人生活固然好，但讓自己的名字發光，過著精采的人生也很好。」

——演員金惠秀（김혜수）

「婚姻會束縛我，我想做的事太多了。」
「如果以後真的遇上喜歡的人，能和那個人自由地做想做的事，那我大概會考慮。但我覺得不

結婚，我照樣能做到那些事。」——演員文瑾瑩（문근영）

「我和工作結婚了。」

「我沒想過結婚，我想專心愛自己。」——演員金瑞亨（김서형）

「結婚？真的有必要嗎？」

「不是結不了，是覺得不自在。」——搞笑藝人金淑（김숙）

「我有自己的事業，我覺得自己生活就很舒服了。」

「因為我還想發展事業，結婚的話好像會後悔。」——演員崔汝珍（최여진）

「結婚似乎對唱歌沒有幫助，要是我結了婚，就不能只顧自己和唱歌，所以就不結了。」——歌手李素羅（이수라）

這些人的話中都有一個共同的關鍵字，那就是「自我」。他們擁有自己的追求，並不羨慕旁人，且願意為了追求自己的夢想而放棄結婚。我們很容易忽略一個簡單的真理——要做自己，就要把精力集中在自己身上，而不是旁人。在韓國社會，已婚人士會把精力放在「家人」、而不是自己身上。這種社會體系促使男女扮演既定的角色，這為女性帶來了直接的身心壓力，對男性也帶來過度的經濟壓力。尤其大眾普遍認為女性婚後就該圍繞著家人轉，上述名人不也是出於這種原因而選擇「自我」，不選擇結婚嗎？無論是普通人還是「如天上星星般」的大明星，他們都想過自己的生活，不受婚姻所限制，這一點都是相同的。

無法想像的身分

大家都聽過「結婚讓生活變得更疲憊」這句話，卻仍無法放棄對婚姻的幻想，堅信只要解決這個問題，婚姻最終就會變得美好。從心理學角度來看，人們傾向於引導對話到自己最感興趣的主題，所以在婚前或籌備婚禮期間，大家都在談論同樣的事情。很多人誤以為婚姻就像天氣或健康一樣，是大家都會感興趣的話題。即使不去看Nate版[4]，我也能想起身邊的一、兩個人，婚前彷彿要掏心掏肺給配偶，婚後卻判若兩人，常因婆家和娘家間的摩擦而痛苦，這樣的情況多不勝數，但儘

4　Nate為韓國入口網站之一，有通訊軟體也有討論區。

管如此，仍有很多人選擇結婚。

在餐廳吃飯都要花很久時間挑菜色，結婚這個決定關乎一生，以及往後五十年的命運，更應該謹慎思考。然而韓國社會普遍認為，要是不快點找到合適的對象就糟糕了。我們的社會無論在經濟和文化等方面，都太過於強調結婚這個步驟，卻難以讓人好好思考婚姻的意義。

有句俄羅斯諺語說「上戰場前要祈禱一遍，出海前要祈禱兩遍，結婚前要祈禱三遍」。如果你對不婚缺乏信心，那就在未婚時先好好思考婚姻吧，真到了結婚關頭再做決定也不遲。假如需要更多考慮的時間，就靜觀其變吧。

結婚是什麼？要怎麼結？

當某件事與「正常」不同，我們會稱之為「異常」。那麼，何謂「正常」？「正常」是由社會共識所決定的，社會對結婚達成了何種共識呢？像是「身為社會的一份子就該結婚」、「要生育下一代，為國家提供勞動力」。媒體經常稱讚結婚，認為婚姻是人生唯一的選擇，而上一代也證實了這一點。所有的社會趨勢都在傳達一個不言而喻的訊息：如果不結婚生子，就會成為「異常」的社會成員。

問題是對於這個議題，很少有容納當事者意見的空間。由於現在社會將新型態的行動視為對既有結構的挑戰，不遵循結婚制度的人被認為不適應社會結構，有可能破壞整個體系。防禦機制為了維持穩定的社會體系，因而將背離體系的人汙名化。不選擇社會所期待的戀愛和婚姻，選擇自己人生的人，很容易被貼上「異常」的標籤。

社會對單人家庭也有很強的偏見，誤認為某些問題只會發生在單人家庭，例如把「沒有監護人」、「孤獨」、「危險」等形容詞與不婚人士連結在一起。但事實上，一個人生活不等於沒有監護人，或生活在孤獨、危險的環境中。已婚人士同樣可能沒有監護人、孤獨或處於危險環境，只是在多人家庭或夫妻關係中，發生的衝突不太會被特別關注或顯示在統計數字上。社會對不婚人士的汙名化，也是促使他們決心不婚的主要原因之一。

我們將尋求符合自己價值觀的生活，稱為介於B選項（生／Birth）與D選項（死／Death）之間的C選項（選擇／Choice）。從出生到離開這個世界，人生的過程就是不斷作出選擇，但對不婚主義者來說，人生本身就是不婚。起初，我們坦率地表達想法，但隨著成長，學會在社會中隱藏情感。成年後，我們認為理性思考才是正確的。人們卻把表達真心的人形容成個性太強勢的人，認為迎合社會慣性才是負責。在這世界上最不做作的是孩子，經社會洗禮後才學會掩飾情感的是成年人，而不婚主義者則在孩子與成人之間尋求平衡。

每個人都有自己的動力，那是一份能協調孩子時的夢想與成人時的目標的力量。不婚主義者巧妙地調和兩者，懂得界定自己的範圍，在這範圍內追尋自己的夢想。隨著現代人與網路密不可分，不婚主義者的能力從虛幻變成現實。越來越多不婚主義者透過社群網站分享自己的渴望，互相鼓勵，共同成長，期望不再處於社會的邊緣，而是站在主導社會的地位。

為了把這份抱負變成現實，不婚主義者自我磨練，成為了「高勇可（Hayongga）[5]」，大膽展現自己的渴望，並努力實現理想環境。他們成為積極分子，以各種方式貢獻社會，逐漸打破世人對不婚主義者的偏見。

演員金瑞亨自信地說自己與工作結了婚，就跟他一樣，這個世界還有很多我們想做的事。讀這本書的人或許選擇不結婚的時機各有不同，但都渴望過好自己的人生。當然，居住環境和經濟能力等實際因素會影響我們是否能過美好的日子，但我們仍能自信地說「我不需要另一半」、「我不是怪人」。生命只有一次，與其被他人定義，不如用自己的名字充實的度過，讓自己的名字發光發熱，這樣的不婚生活也足夠精采。

5 原為男性在網絡上以購買性服務為目的的常用語「하이 용돈 만남 가능?（嗨，付費見面OK?）」的縮寫。後來被女性主義者為打破此剝削女性之負面意涵，引申為女性自我覺醒之「高學歷」、「勇氣」與「可能性」等正面含意。

不婚，這時代全新的生活方式

不婚主義只是在決定自己的生活方式，為何世人總要對此指手畫腳呢？除了韓國人愛將多管閒事美化為「重情義」，其他國家的不婚主義者是否也有類似情況呢？總體而言，雖然相似但並非完全相同。

首先，「不婚」一詞最早出現在韓國。此前韓國會使用single、單身、未婚等詞語來指稱「尚未結婚的人」，其他國家也類似。「nonmarriage」普遍用來形容未婚者，然而這個詞相對於「不婚」更接近「未婚」，與不婚的概念有一定差異。而西歐國家目前還沒有「不婚」的概念，是直接借用韓文的「不婚」（Bihon）。

生活的「方式」與「型態」也是有所區別的。單人家庭是家庭型態之一，而不婚則是生活方式。近年來，單人家庭在全世界都呈現成長趨勢，連核心家庭都被細分出「單人」的分類。許多國家都積極探討單人家庭的稅收制度與居住模式。其他國家又是如何因應這樣的時代潮流呢？

先進國家的單人家庭政策

從各國的單人家庭分布表可以看出，包括美國與日本在內，大多數先進國家自九〇年代起就呈現穩定成長，歐洲國家也是如此。截至二〇一七年為止，歐洲單人家庭的比例為三十四%，丹麥與瑞典的單人家庭比例則分別為四十四%與五十一%。

其他國家比韓國早約三十年開始推行單人家庭支援政策，目前單人家庭增加的趨勢主要出現在福利政策完善的國家，如丹麥和瑞典。這兩個國家在七〇年代就開始建立單人家庭的福利體

歐洲圈單人家庭比例（2017）

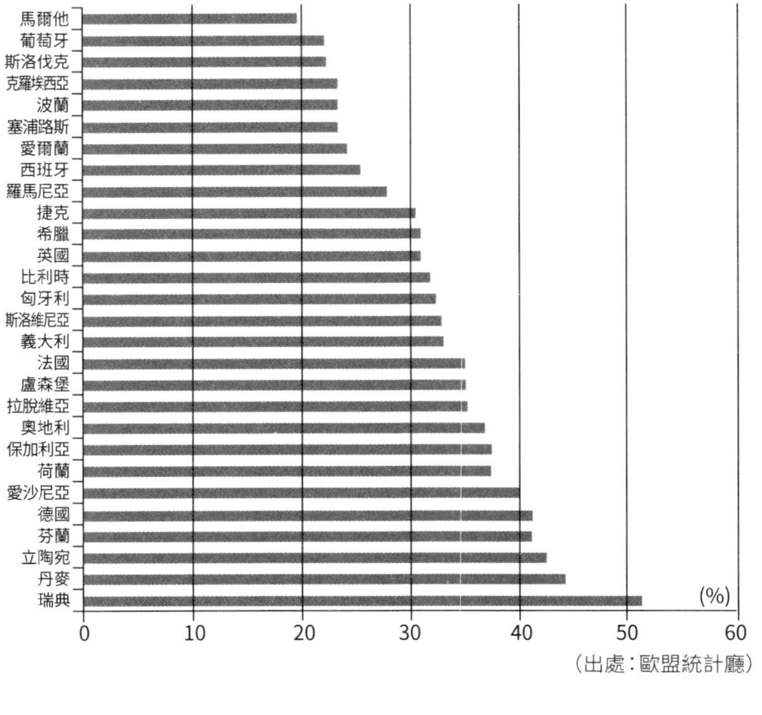

（出處：歐盟統計廳）

系，比韓國早了半個世紀。他們的單人家庭支援政策主要集中在住房和稅收方面。例如在瑞典，不論收入高低，所有滿十八歲的成年國民都可以住進由國家提供的租屋或國宅。此外，韓國近年興起的新居住型態「合作住宅」（Co-housing）就是起源於丹麥在七〇年代開始的居住規畫。

再來看看個人主義傾向強烈的美國與日本。傳統上，日本的新婚夫妻通常不會馬上獨立離開家裡，而是會在娘家與婆家輪流生活，相互交流，等到具備一定經濟能力才展開兩人生活。但日本文化強調獨立性，單人家庭的政策早已打好紮實的基礎，目前，日本政府提供租屋補助，社區福利網也相當穩定。美國也提供不同年齡層的住宅津貼，如：Single Room Occupancy（SRO）[6]、Support Housing for Families and Young Adults（SHFYA）[7]等。日本與美國都制定了法律以提高居住品質。例如，日本各自治區都訂立了建築標準條例；美國針對單人家庭的住宅設有相應的規定，但尚未完全推出針對女性單人家庭的政策。

大部分國家對不斷變化的家庭型態都有察覺，而可以確定的是，多數國家並不將越來越多元的新生活型態視為奇怪的現象，僅認為是一種變化。

6 指不含獨立廚房或衛浴的房間，原本是針對低收入戶的居住選項，後發展為「共享公寓」(co-living apartment)，開始吸引年輕、白領階級。

7 家庭與青年住房補助，為十八到二十五歲的青年或家庭提供住房計畫與補助。

這世界需要更關心單身者

全球單人家庭正持續增加，其中韓國的增長趨勢尤其引人矚目。從六〇年代至今，全球單人家庭數量六十年來持續上升，從「單人家庭比例變化」圖可以看出各國人口中單人家庭的比例，由高至低排序，韓國與其他國家的增長趨勢相比，有著顯著差異。

截至二〇一五年，韓國單人家庭比例為二十七．二％，現在已經超過三成。據統計預測，韓國在二〇四五年時，單人家庭將占總人口的三十六．三％，相較之下，同期四人家庭的預測比例為七．四％，兩者的差距令人驚訝。單人家庭包括沒有配偶或喪偶的人。值得注意的是，選擇不婚的人口也急劇增加。

根據韓國人口保健福利協會進行的調查顯示，四十七．三％的二十代未婚男女表示未來沒有結婚打算，其中五成七的女性受訪者表示不打算結婚。滿四十歲的不婚女性數量在過去三十年內增加了十倍以上。此外，韓國保健社會研究院的調查顯示，一九七四年出生的女性中，滿四十歲還沒結婚的比例為十二・〇七%，而三十年前的調查結果僅有一・二四%。

如此多人嚮往獨自生活，為什麼街上還是看到許多情侶，卻很少看到選擇不婚的人呢？原因在於韓國缺乏完善的單人家庭政策。韓國有超過五百五十萬人獨自生活，卻沒有相應的政策來滿足這麼龐大的人數需求。相比之下，其他國家積極實施各種單人家庭政策，而韓國政府的政策改變速度卻無法跟上生活方式的改變。單人家庭在組成家庭比例中占最高，在韓國卻只有多人家庭被視為真正的家庭。

因此，現在單人家庭面臨的最大障礙，正是房子。這也是為何先進國家將補助政策聚焦在房屋補助與經濟補助。韓國當然不是完全沒有針對單人家庭的政策。韓國土地住

單人家庭比例變化

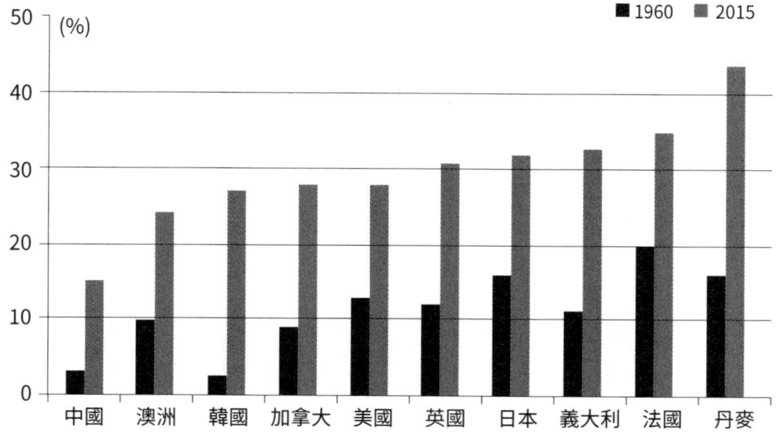

（出處：www.ipsnews.net）

宅公社（LS）與首爾住宅城市公社（SH）每年都會提供一定數量的幸福住宅，並補助房租，讓個人可以直接購屋。但提供補助的房屋數量和補助金都遠遠不足以應付房地產市場置產所需的費用。政策極度不完善，需求又遠超供給，競爭率非常高。以幸福住宅為例，新婚夫婦能獲得許多補助，真正處於弱勢的單人家庭卻被排除在補助範圍之外。

在一百間待售的大樓單位中，只有少數幾戶是青年補助戶，實際面積雖然只有四坪多，平均競爭率卻高達一百比一，首爾和首都圈的競爭率更是超過五百比一。在單人家庭為了找到一個安穩的家時，準新婚夫妻或新婚夫妻只需要面對二～四比一的競爭率，就能安頓下來。

我也是國民的一份子

政策是一個國家的指引，人們可以透過政策了解政府希望將國家引向何方。例如，政府提供新婚夫妻大量補助，可以理解為政府鼓勵人們結婚並建立家庭。可惜的是，即使是制定政策的機構也未能正確看待婚姻與生育之間的關係。他們認為結婚後自然會生育，因此積極鼓勵適婚年齡者結婚。在制定政策時，政府並未考慮到有些人因結婚放棄了其他人生選擇，只是一味認為結婚就意味著生育，並能解決勞動力問題，成為社會的人力資源。

讓我們來看看韓國各地方政府定期舉辦的「牽紅線」活動吧。慶尚南道晉州市表示該活動目的是為適婚的未婚男女提供結緣的機會，並增進對婚姻的正面看法，積極推動年輕男女的相親機會。甚至如果在韓國找不到合適對象，地方政府還會介紹外國人給有意結婚的當地人。這類外籍新娘的引進很容易被視為人口買賣，雖然受到強烈批評，但他們仍然只向二十歲以上男性提供迎娶外籍新娘的補助金。

那政府針對單人家庭的支援措施呢？地方政府對單人家庭的關心，與試圖吸引單人家庭進入婚姻市場的努力是否相當？政府每年推出以核心家庭為主的政策，生育補助也不斷增加，對單人家庭卻幾乎視而不見，政策從一開始就沒有將單人家庭納入考量，當然也就缺乏針對此家庭型態的統計資料和社會研究。制定政策需要數據，但因為缺乏研究，政府對待單人家庭就像是不存在一樣。單人家庭數量不斷增加，使得政府不能再忽視這個現實，才終於開始實施一些針對單身家庭的相關政策，但這些政策往往只限於某些特定項目，甚至還限制性別。

首爾市陽川區推出的「我非獨」補助計畫，是針對五十歲以上獨居男性。這個計畫的目標是幫助那些因離婚、失業等原因而與社會隔絕的男性，提供福祉、就業和居住等資訊，以持續的觀察與支持，幫助他們重新站起來。這個計畫之所以限定對象為五十歲獨居男性，是因為這個年齡層的單身男性孤獨死的比例最高。政府雖然高度關注特定性別和年齡層的情況，對常見的單人家庭還是關注較少。

我同意政府或地方政府在制定政策時需要有所依據，但這些資料和背景中包含了社會的觀點。

在取得資料的過程中，政策制定者的主觀判斷也會參與其中，因此很難認為這些政策能完全正確地反映社會問題。任何人都不應被選擇性的福利冷落。那些生活在被忽視的角落的人，也該享有政府提供的福利。

在生活艱困的韓國，單人家庭還面臨另一個困境：不能隨便生病。韓國的醫療政策限制了因重病或事故需要手術時能在手術同意書上簽字的人。手術同意書與患者健康狀況無關，必須由法定代理人簽名。法定代理人僅限於法律上的配偶、父母、子女等直系親屬，不承認同居人或朋友的簽名。根據醫療法，兄弟姐妹也不能簽字。一般情況下，只有患者本人或直系親屬的簽名才能生效，只有患者的危急情況、手術種類和醫院經營情況等緊急情況下才有例外。但在一些國外，如果患者事先填寫過預立醫療決定（Advance Directives，簡稱ＡＤ），那麼在緊急情況下，無需簽監護人同意書也可以進行手術。

全世界越來越關注單人家庭，並努力讓這些家庭融入社會網絡，但目前韓國似乎還沒開始注重單人家庭，反而一味希望他們融入傳統家庭形態。在世界走向個人化的時代，不婚者在與世界潮流相距甚遠的韓國的生存更加困難。韓國應該更積極尋求政策的改變，不能再對明顯存在的單人家庭視而不見。

想像一下婚姻生活，你會看見答案

我們可以先將「我真的能獨自生活嗎？」這個問題轉變為「我能過婚姻生活嗎？」，一起思考一下結婚需要什麼？除了金錢，還要考慮哪些問題？

為了與唯一的伴侶共度一生，兩個在不同環境中長大的人，如無意外，會在同一個屋簷下組成家庭。每個人在考慮婚姻時，是否都思考過負責、誠實、堅持、耐心等因素呢？看著已婚人士過著不怎麼幸福的婚後生活，我一直思考什麼是婚姻。某一天，已婚朋友的說法讓我醍醐灌頂：

「妻子（或丈夫）帶孩子回娘家（婆家）時最幸福。」

「婚後，要看人臉色的事情變多了。」

「你千萬別結婚，去享受人生吧！」

「婚後，我好像失去了自己的生活。」

我經常聽到這樣的話，而且這些都是身處婚姻現實的人說出來的，所以更值得深思。明明是彼此相愛才組成家庭，卻感嘆自己的處境。婚姻不僅是兩人的結合，而是由法律建立的新家庭關係，卻似乎有許多需要忍受的部分，例如對彼此的責任感等，使婚姻生活變得疲憊。我身邊的已婚朋友總會愉快地（偶爾也嚴肅地）對婚姻生活發表否定的言論，並真心為選擇不婚的人加油。我經常聽到上述那些玩笑話，但看到他們如此自嘲，也讓我感到不安。為什麼婚姻沒有帶給他們更滿足的生活？

原因就是「自由」。自由包括感到舒適而離不開的物理空間的自由；組成家庭應該和另一半共享生活過程的關係自由；以及關乎自身身心壓力的心理自由。透過那些玩笑話能看出，已婚人士最需要也最無法擁有的就是自由。婚姻用許多方式制約了個人的自由。

這讓我開始思考婚姻的本質。而且我相信只要理解了其本質，每個人都能毫不猶豫地說出：「是的，我不婚。」

如果你是不喜歡被束縛又需要心理自由的人，不婚生活可能是你最好的選擇。每個人都渴望自由自在地活著，但自由的定義與範圍取決於個人，我們只是一起朝「不婚」的人生方向前進。

不結婚，更自由

當我們談到自由，其實是一連串的選擇與伴隨而來的責任。有些人可能覺得在面對人生重要抉擇時感到困難，甚至害怕。對於不婚這樣的選擇，擔心會從社會制度中被孤立，得不到保護或變得孤單。但不婚只是選擇了「不結婚的生活」，並不代表背離社會，也不等於孤獨。選擇不婚的人們是無所畏懼的，因為他們明白自己能從不婚帶來的自由中抓住發揮潛力的機會，並在學習生活的過程中找到志同道合的朋友。享受獨自生活的自由，是不婚主義者夢想的未來。

讓我們回到最開始的問題：我真的能過不婚生活嗎？你是懷著什麼心態選擇了不婚呢？為了成為更獨立的個體，要培養什麼能力，又願意付出什麼努力？相比於決定結婚，決定不婚相對簡單，因為我們擁有強大的武器——自由與自我的完整。

找到你的自由準則

假如你思考過自己在什麼時候會感到自由，大部分人第一個想到會是經濟能力，也就是「錢」。金錢在經濟社會中扮演不可或缺的角色，對生活在資本主義社會的我們來說，「有錢能使鬼推磨」並不是玩笑話。那麼用錢獲得自由的條件是什麼？就是一個能放鬆休息的空間。無論和家人、戀人、朋友或任何再要好的人在一起，每個人都需要個人空間。

個人空間是私密且隱蔽的，任何人都不能侵犯或占據。在這個空間裡，當事人可以獲得安全感，舒緩外界壓力，充分享受獨處時光。我們常常因外界的刺激而感到疲憊，不論是人際關係的情緒壓力或單純的視覺、嗅覺或聽覺感受，不能因為每個人都會經歷這種疲憊就忽視它。

我曾經住在一個有兩個家庭的屋子裡，一個是我的原生家庭（媽媽與姐姐），一個是姐姐婚後組成的家庭，有姐夫與侄子。五個人一起生活，一開始沒什麼問題，以為「人雖然多，只要我有自己的房間就好」。但這種想法大錯特錯。儘管我的房間與客廳之間有一堵厚實的隔間牆，將兩個空間徹底分離，關上門後的空間就全然是我的領域，可是空間卻透過門縫相連。我的領域被各種方式入侵，像是不敲門直接開門。這讓我無法真正放鬆，壓力越來越大。

當我漸感疲憊不堪時，姐姐一家終於搬離，我找了一些室友入住了他們空出的房間。家庭成員重新組合後，我的精神狀態迅速恢復。當然，組成新家庭的過程也碰到一些問題，畢竟和朋友合住和與家人共處是不一樣的，需要時間適應、理解彼此的生活方式。

「我週末想在家裡放鬆休息。」

「我很淺眠，希望早上不要太吵。」

「我晝夜顛倒，擔心你們覺得不方便。」

為了彼此的領域，我們商量了一起生活要遵守的事項。

「我不在時，絕對不要進我房間；我在的時候，要先問過我再進來。」

「我在房裡工作時，請降低噪音。」

「洗完澡一定要清理排水口。」

每個人都說出自己的生活習慣和期望他人遵守的事項，然後大家一起整理出專屬這個家的規則。這樣的過程讓成員取得了平靜，並享受獨立空間的自由。我舉這個例子是想強調，透過這種模式，我們可以實現共同生活。希望大家能開放心胸，接受各種可能，並展望不婚生活的美好。

在這個世界上，責任感、誠實、勤奮和耐心等美德不僅適用於想結婚的人，而是每個人都該具備的品德。有些人擔心選擇不婚意味著必須獨自面對所有人生問題，實際上並非如此。不婚的人可以一同商討、合作組成家庭。

共同生活的成員都有自己的房間，並共享部分生活空間，例如客廳和廚房。除了每月支付房租和管理費，沒有其他金錢或法律束縛，就像住在同個社區一樣。或許聽起來有些冷漠，但這並不是負面的，反而因為沒有複雜的關係，更能親近和愉快的生活。如果能在這個基礎上增加一些關懷，那會更加美好。每個人都需要不受他人期待，做自己力所能及的事，以和諧的方式共同生活。

在婚姻中若想做自己的事，可能被視為自私。可是在個人與個人共同生活的模式下，每個人都能隨時去做自己想做的事，也能合作。換句話說，結合與分離都是輕鬆的。大家可以各自關上房門享受個人時光，也能打開房門走到公共空間，分享生活。遇到困難時，大家可以共同商討解決方法。正因為尊重個人自由，所以能靈活協商，並保有心理上的自由，讓不婚人士擁有更穩定且滿意的生活。保持適度的距離，互相幫助，共享愉快的生活。

說實話，我希望一輩子都過不婚生活，也想擴大這種模式，讓每個地區都能建立不婚生活共同體。你覺得如何呢？應該很不錯吧？若你現在也有同樣的想法，或許未來我們可以成為好鄰居。

做好不婚人生的準備

有些人心中有結婚的想法，但還沒有結婚就自稱不婚主義者。不過，如果你正在閱讀這本書，就能從前面的內容理解未婚與不婚的區別。如果你不太確定自己是不是不婚主義者，或正考慮成為不婚主義者，又或者已經做好不婚的準備但缺乏信心，可以運用本書的「了解你的不婚潛力值」（第10頁）了解看看。

假如你對不婚生活的想像與測試中的問題大多一致，那麼你已經準備好展開不婚生活了。如同不婚測試顯示的，你在選擇不婚時最值得重視的是擁有抱負。抱負是設定遠大目標的動力，持續推動我們前進，並激發持續學習的渴望。舉例來說，假設你設定了「三年內賺夠房屋傳貰金[8]」的目標，就會去了解自身現況，每個月有系統地籌措資金，比如記錄「每月固定支出與變動支出」等。

每個人從小就會以各種形式擁有各自的抱負，雖然有些人無法產生共鳴，也有人會認為這是一種壓力。

「我的人生沒有特別的目標」、「人為什麼一定要有抱負」……我敢肯定，即使是那些未明確表達的人，他們內心也藏有各自的慾望，或許只是尚未察覺，或不知道如何實現。許多人對「不需要遠大目標，只要能安逸度過晚年」這句話很有共鳴，畢竟誰都期望晚年過得輕鬆自在，這句話卻存在矛盾。它明確呈現了個人對未來的願景，但隨波逐流是無法達成舒適晚年生活的。當你擁有這樣的人生目標時，就要為未來努力，存錢、了解相關的養老保險資訊等，這些都是實現目標的過程。或許你會覺得這些行為是為了滿足基本生活需求，每個人都會做，根本微不足道，但這正是朝「舒適晚年」的目標邁進的重要準備。

我的兒時好友對每件事都充滿熱情，有許多夢想。但隨著年齡增長，當我和朋友談及夢想時，我們開始形成一種難以理解的走向。十幾歲時，他的夢想是「認真讀書，上好大學」、「讀哪個科系就做哪種職業」、「長大後想去旅行，也想嘗試各種興趣」。他們將夢想放在學業競爭激烈的環境中，把未來的突破、也就是個人目標放在首要，懷抱著達成目標的雄心壯志。等到我們進入二十代，大家開始討論提升自身價值的具體計畫，比如「好好累積學分，找到好工作」、「認真學外語，去打工度假」、「去很多國家旅行、增長見聞」等。但也是從這時代開始，我和朋友的對話開

8 韓國獨有的租屋方式，不需繳納每月房租，只需提供一筆傳貰金作抵押，退租後可全額取回。

始有了分歧，朋友們開始為結婚煩惱，像是「我要在三十歲前結婚」、「我想多拚事業，等三十五歲左右再結」、「結婚後就要認真養孩子」等。看來等到婚後，他們的夢想就不復存在了。

對於一心想提升自己價值、不斷進步的朋友來說，當被賦予了結婚這個選項後，他們的無限可能立刻被限制、止步。我們都能透過媒體或書籍間接感受到生兒育女後的景況，要知道婚後的生活樣貌並不難。問題在於他們口中的不確定性，比如「先帶孩子兩年，再回到原本的生活就好」、「把孩子養大後再玩吧」。我還有朋友因為擔心育兒會讓重返職場變得困難，宣布以後要當家庭主婦。但全職家庭主婦並沒那麼簡單，因為全職主婦的辛苦在於需要全權負責家務事，卻得不到正當的勞動價值認可，難以感受到自我成就。

當看到兒時好友提及結婚這個選項，總是顯得有些無奈。我實在難以理解這樣的轉變，也有些失望。為什麼要自我貶低，束縛住無限潛力呢？我相信朋友的選擇有其原因，有些因素甚至超出個人的選擇範圍，導致他們選擇了結婚。儘管我能理解結婚可能帶來新的幸福，但同時也需要妥協、放棄現有的自由。對於朋友的選擇，我無法妄加評論。

看待人生的新角度

許多人選擇不婚的其中一個重要原因是「探索自己的能力」。每個人都期待能投入自己得到的資源，獲得自我成長，累積各種經驗。在我決定不婚前，我仔細思考了未來若組建家庭，應該為家人培養哪些能力。一直生活在父權社會之下的我，自然自己想像成一個賢妻良母。為了做出美味菜餚給家人享用，我是否該學習烹飪呢？一個賢內助該具備什麼心態和生活模式？我是否該更懂得撒嬌，才能取悅婆家？

這些問題都是以他人為中心，而不是自己。為了成為一個好妻子、好母親和好媳婦，我強迫自己去了解我根本不關心的事物。當我思考如何改變自己，讓某個陌生人感到幸福時，卻未考慮這些對自己有何影響？我真正喜歡的是什麼。然而，就在我決定不婚的那一刻，我對人生的看法也有了轉變。

雖然腦中浮現各種想法，但我立刻想到最重要的是「經濟穩定」，首要就是維持職業的專業性。我認為要在目前的工作中獲得認可，必須多學習並開拓新的發展，因此我考了執照，比以前更認真工作，努力成為一個不可替代的人。雖然為了融入社會，有時也會感到疲憊，但我的頭腦變得很清楚，因為我知道自己正在為我的人生努力，且那份努力至今仍在持續。這正是我們在生活中應該思考與培養的一部分。

另一個重要因素是「健康」，這裡指的是身體和心理的健康。很神奇的是，當我把人生重心放在他人身上時，很難去想到我的健康，但當我確定人生的主角是我自己、專注於不婚生活時，很多事情的動力就來自於自己。如果我生病或倒下，一切就變得毫無意義。失去健康就等於失去了人生。為了擁有健康的身體，我開始嘗試各種運動，不僅關注身體，也注意心理健康。無論身體多健康，一旦心理健康惡化，身體也會以驚人的速度崩潰。其實感受到負面情緒是一種保護機制，是為了免受更大的刺激，因此並非完全負面，但倘若長時間自己消化負面情緒，卻可能帶來不好的結果。獨處時光固然重要，但也不要忘了多與人交流，刺激思考。

最後要談的關鍵字則是「自由」。「自由」是一種抽象概念，這裡的自由意味著兩方面：一是人與人相處時的自主性，二是人際關係中的情緒自由。最重要的是，自由也包括能隨心所欲，不在乎他人看法的自在感。

我並不是說在工作時不負責任，比方突然消失不見等，而是指身心疲憊時，能暫時與他人保持距離以獲得充分的休息。這點至關重要。隔絕外部刺激是保護自己的原始本能，我們能有餘裕冷靜思考，確認自己的想法。特別是當我們不受任何關係束縛時，只要作好準備，隨時都能啟程。必要時不要猶豫，走向廣闊的世界，享受更多經驗，讓自己沒有遺憾。

當我們充滿自信時，很容易憧憬美好的未來，覺得一切都會順利。然而，我們也要認知人生並非十全十美。積極的心態固然重要，但盲目樂觀而缺乏應對策略是有風險的。這時候，我們最需要的是向曾經歷相同情況的人尋求建議與指導。

20、30、40的不婚相談

我們訪談了各個不同年齡層的人，總結他們在不婚生活中遇到的困難與挑戰。採訪中的A、B與C是虛擬人物，他們的意見集結了多數人的集體心聲。未來，也希望有機會和十代、五十代到七十代的不婚主義者進行交流。

Q1：您認為在您的年紀，不婚生活的最大難關是？

★二十代A某

錢。自從決定不婚後，我開始擔起照顧自己的責任。我一直堅持要靠自己的努力生活，然而經濟獨立的過程中總有意外開支，讓我承受不小的壓力。從那時起，我才開始留意過去曾忽視的事物，深刻感受到自己在處世方面的無知。有太多新知識等我去學習，像是保險、儲蓄、房地產等，但這些都是我從未接觸過的領域，要自己學習實在不容易。

★三十代B某

我最大的煩惱就是事事不順。用累積的積蓄找傳貰房時遇到很多困難，雖然幸運的終於找到一間不錯的房子。隨著三十代這個青春期（?!）到來，我的情緒起伏不定，工作上常被當夾心餅乾。而且隨著年齡增長，各種負擔也變得更重了。

★四十代C某

我現在的生活確實比二十歲、三十歲時穩定，公司的事已經很上手了。但因為年輕時太拚，忽略了健康，疾病就突然找上門了。也許我的身體一直發出微弱的信號，我卻忽略了它。現在我深刻感受到，身體一旦受損就很難恢復。雖然我依然可以很有自信地說我的熱情和二十歲的年輕人一樣，身體卻追不上了，這點最讓我傷心。

Q2：您如何克服與解決那個難關？

★二十代A某

有一次我向朋友傾訴煩惱，他向我推薦了不婚生活共同體。這個生活共同體會根據興趣，組成不同類型的聚會。我聽說有經濟學習聚會，就立刻參加了，能和其他人一起學習，讓我產生了歸屬感與責任感。這裡的成員都很認真，所以我也要很努力以免落後。這與獨自挑戰事情不同，彼此交流的資訊能刺激成長。看到和我年齡相仿的人口若懸河地說著專業知識，我受到很大的衝擊。這個聚會讓我有機會去學我過去不感興趣的各種知識，也正在了解一直覺得很難的投資理財，尋找適合自己的方法。

★三十代B某

我也參加了A提到的經濟學習聚會。不但在那邊學到新資訊，那時大家都在學房地產相關知識，於是我也把自己找傳貰房的經驗分享給大家。看到他們用閃亮的雙眼聚精會神地聽我分享，我感到非常自豪。

自從我租了房子、搬出來獨立後，常邀朋友到家裡作客，喝紅酒、看電影、玩棋類遊戲等，一起度過愉快的時光。我很喜歡交朋友，能和在不婚生活共同體認識的人一起交流，也消除了一些職場壓力。我想這就是所謂健康的人際關係吧。

★四十代C某

我這個年齡，面對熟悉的事物比新奇的事物更有安全感。不婚生活共同體裡有來自各領域的人。有一次我聽說有會做瑜伽的成員開了一日課程，我立刻報名參加。醫生建議我要健康飲食，多做伸展運動，飲食方面我有自信能做到，但伸展運動和我八竿子打不著關係，所以我覺得那是一個難得的機會。

我參加了課程，學會根據我的身體狀態量身打造的伸展運動，也跟關心健康的人交流飲食和運動方面的想法。能有人和我一起聊有興趣的主題，度過閒暇時光，這件事本身就給了我安慰。

Q3：有想對其他年齡層說的話嗎？

★二十代A某

我想告訴十代的朋友們，社會對不婚的看法正在快速轉變，我知道有許多年輕人在十代時就決定不婚。也有人陷入迷惘，或根本沒思考過這件事。不管你的想法如何，都沒有對錯之分。但我可以自信地告訴你們：享受你選擇的不婚生活，並做好準備吧！不要被「準備」這個詞嚇到，就像旅行前要排行程、寫下行李清單一樣，這是自然又愉快的過程。

★三十代B某

我很後悔在我二十代的時候，沒有多去了解經濟相關的知識，所以我想告訴現在二十代的你們，時間充裕時要多學習。經濟獨立後會需要了解房地產、住宅、稅金等必備的基本知識。而且每個人都有可能像我一樣在三十代時面臨新挑戰。縱使再疲憊，都要找到志同道合的人一起交流，也要學會在生活中找到片刻的安寧與休息。

★四十代C某

在比我年長的人中，很少有人會自稱未婚或不婚，我能理解這樣的選擇，因為過去對不結婚的人總是有著不友善的眼光。我想對五十代或更年長的不婚人士說，你們的背後還有我們，而在我們後面還有更年輕的世代。成年的我們要成為年輕一代不婚人士的榜樣。我曾看過一部七〇年代不婚人士的影片，短短兩分鐘就帶給我極大的震撼與勇氣，我希望自己也能成為那樣的人，給予別人同樣的震撼與勇氣。

每個人隨著年齡增長都會面臨各種挑戰，聆聽那些過來人的經驗，就像在提前預習，也可以從他們的建議中獲得幫助或安慰。如果有人因為選擇不婚而感到困惑，我想告訴你，不要勉強自己，先休息一下再繼續前進吧。充分休息、調整心情後，以穩健的心態沿著他人鋪好的路線前進，相信你能更上一層樓。

來吧，抬頭挺胸、自信地迎接不婚生活！

PART 2

甩開旁人的偏見，我要決定自己的人生！

不結婚？你太年輕了，還沒想清楚

在韓國社會，選擇不婚生活並不容易。本章會討論許多在生活中常聽到、對不婚生活的偏見。然而，我們依然能以獨特的色彩，改變那些戴著有色眼鏡的看法。透過探討這些令人不舒服的話語，一一揭示背後的脈絡，並且推翻這些話語，開始訴說我們的故事。希望這能成為一個契機，給疲憊的你一些力量。

我記得小時候看電視時，聽過一些讓我印象深刻的話：「老公去酒吧喝酒，太太要體諒才對」、「不去會影響事業」、「洗衣機是洗衣機洗的，打掃是吸塵器掃的，太太哪裡累？」、「沒時間運動？抱著孩子站站坐坐不就是運動」等。媒體報導的婚姻生活看起來並不怎麼美好，從很久以前開始，在這些話語的洪流中，我燃起不婚的決心。

「你才多大，這年紀不想結婚很正常。」

「等你長大還會這樣想嗎？」

從小時候聽到的「因為你還太年輕，沒想清楚」到現在常聽到的「還不打算結婚嗎」，我聽得耳朵都長繭了，想必每位不婚者也一樣吧。

這些話在不婚生活共同體的採訪中隨處可見。而且網友對於年齡二十到四十歲的成員，態度尤其激動，他們會留言說「那是你們年輕不懂事，等你們年紀大了就會後悔，然後孤老一生」。不同的帳號、相同的指責不斷出現。我們只是單純想介紹不婚生活共同體以及說明選擇不婚的理由，卻意外觸動了某個按鈕。這些惡意留言讓我感到受傷，毫無根據的指責也令我驚訝。對我個人而言，不婚的決心和年齡並無太大關聯。儘管現在是百歲時代，二十代可能算是年輕。然而對那些從小就明確選擇不婚，不考慮尋找終身伴侶的人來說，很難理解為什麼要承受這些反應。我不婚是深思熟慮的結論，即使年紀輕輕，生活經驗尚不豐富，但我仍堅信這是我的人生決定。況且，不婚就一定是不成熟的選擇嗎？

人生中確實會面臨許多抉擇。有些人甚至從小學就開始為大學入學作準備。這例子或許有點極端，讓我舉個更普遍的例子吧。在韓國的義務教育制度下，上小學時必須決定升國中的志願順序；上國中時要決定升高中的志願序，或是選擇外語高中、特別高中等，以應對未來的大學入學；升上高中後，又要選擇讀文科、理科或第二外語。你以為這樣就結束了嗎？到了高三，還要在社會或科學之間作選擇，面對各種A或B、甲或乙、單或雙的抉擇，甚至還要考慮上不上大學。這些都是在成年前必須作的重要選擇。但在我們準備或選擇未來的科系或前途時，沒有人會說我們還太小，什麼都不懂。大家都認為這些是必須面對的。要是有人太過輕率，還會被批評沒有對未來的責任感。「因為你還小，所以才選理科」「那種孩子會先準備藝術高中」「等你再大一點，會後悔選了哲學」……學生時代所作的選擇，似乎很少有人會用這種話來評論或質疑，選擇不婚卻被說成是「不懂事」，不覺得有些可笑嗎？

結婚到底是隨著年紀增長、深思熟慮的決定，還是只能用「你還小才那樣」，光以年齡評估對方決定的正確性。結婚可能是社會經驗之一，但結婚並不等於成熟。

這世界上並非每個人都必須過相同的生活，也不可能如此。卻有人期待每個人都要經歷相同的生命歷程，結婚就是其中之一。然而，我們並不需要從十幾、二十歲就開始為結婚而焦慮，到處尋找所謂的「理想伴侶」。而當我把目光從結婚移開時，我發現了更多好選擇。不結婚並不意味著失去，相反地，我們有更多機會累積資金，也不用擔心與配偶家人的關係。年紀增長後，「你還小才這樣」的說法可能轉變成「你不是不結，是結不成吧」。無論別人如何評論，選擇不婚並不是錯誤。與其在意他人的眼光，不如專注於思考自己能做什麼才更具建設性。不婚不代表不懂人情世故或缺乏責任感，而是為了發現生命中更多的可能。

除非是因為羨慕我們年輕才說那種話，否則就請尊重不婚的選擇吧。不婚只是讓我們擁有更多選擇罷了。

都到了該結婚的年紀，什麼時候才要結？

「你幾歲？」

「今年二十八了。」

和許久不見的親戚見面時，常常會出現這樣的對話。為了消除尷尬或表達關心而開始的對話，只要一問年齡，我就能預測下一句。果然不出所料，對方聽到我的回答，自然而然地發出嘆息，接著說：「唉呦，這麼大了？是該結婚的年紀了！」

是啊，結婚。進入適婚年齡的二十到三十歲，都聽過「該結婚的年紀」這句話。我們的社會常把什麼年紀該做什麼事捆綁在一起，彷彿遊戲角色的升級任務。上高中時要準備大學入學考試；上大學時要準備就業；破解就業任務、即將三十歲時，又會收到結婚任務。

「你現在該結婚了，再晚就結不成了」、「早點結婚才是明智的」，身邊居然完全找不到能與我產生共鳴的聲音。我突然產生一種想法：難道不僅結婚，我的餘生都是一連串既定的任務嗎？真的有每個年齡非得做的事嗎？

除了結婚，社會也為不同年齡層塑造不同形象：認真讀書，準備大學考試的十代；初入社會，勇往直前的二十代；擁有職場經驗與實現置產夢的三十代；經濟收益與穩定兼具的四十代；累積一定資產，規畫晚年生活的五十代；過著舒適晚年生活的六十代。你是否認同上述描述呢？

我曾相信等我三十歲，名下就會有房產和炫酷的車；如果我成為上班族，必定是個努力的高手；如果我創業，也會是能幹優秀的老闆。可是即將踏入三十歲的我，現實卻未如預期。是我期待太高了嗎？但不是一直都說「目標要大膽，夢想要遠大」嗎？問題不在於目標設得太遠大，而是現實與理想之間的落差所帶來的情緒。

當我意識到自己即將三十歲、卻無法展現社會所認可的亮眼成就時，瞬間感到焦躁不安。「現在是該買車、買房的年紀了吧？」、「我一直認真生活，怎麼還是沒有足夠的資金」、「我的工作怎麼還是遲遲不上手？」、「靠這份工作就能賺取滿意的收入，過想要的生活嗎？」負面的念頭一旦湧上，就會不斷循環，持續困擾著我。

當生活的煩惱和各種想法交織在一起，可能讓我們再次陷入像青春期一樣的混亂狀態。無論是還算年輕的二十代，或是被認為是「真正的大人」的三十代，都會有相當的壓力。每個人都希望尋找新的避風港，以擺脫目前的不安和不足的人生。也許是踏上未曾預料的留學之旅，或搬離父母家，而最常被視為避風港的，就是結婚。

那些選擇結婚來被動消除不安的人，往往很難有美滿結局。無法照顧好自己目前的生活，逃避現實，絕對不是健康的處理方式；反而更擴大了自己應當承擔的責任。

選擇不婚的我們該如何生活呢？在人生計畫表上畫掉了婚姻，該如何描繪出目前還像白紙一般的餘生呢？我想制定一個能發揮不婚優點的計畫。而不婚的最大優點就是投資在自己身上的時間增加了，我列出平時或兒時的夢想，思考該做哪些事才能實現這些夢想。例如我把「學好英文」的目標具體化。出國時最常使用的語言是英文，如果只是單純旅遊，英文不流利也無所謂，但若想累積更深刻的經驗，語言就很重要。想像自己與不同國家的人進行交流或到國外工作，這些都把我引向了學習之路。我從小學就開始上英文課，卻一直不喜歡英文課，學得也不好。然而自從有了目標後，再接觸英文竟然變得無比愉快。口說照樣不流利，學習的樂趣卻增加了！這令我感到驚訝。

為了迎接人生的第二幕，越來越多人投入副業或下班進修。看到每天忙得不可開交的人，我總感到心疼，會勸他們休息一下，他們卻自信地表示，對自己現在的狀態很滿意，正在享受人生最美好的時刻。我很佩服那些專注自我、追求成長的人，也為他們加油。

還有另一種情況。重視閱讀獲得的間接經驗的人們會聚在一起，組成小型讀書會，交流彼此的想法與價值觀。這種聚會不僅擴大了個人的知識範圍，也能從他人的經驗中看見生活的方向。我就這樣被各種自我進修的不婚人士所啟發，獲得另一股動力。

你的計畫是什麼呢？假如你現在不知道要做什麼，也不用擔心。所有抉擇權都操之在你。你接下來人生的每一刻，都全然屬於你，即使先空出了一點時間也無妨。請花時間思考自己真正想要的，盡可能制定具體計畫。雖然乍看有點太利己，但總地來看，讓自己健康成長，將成長的正面價值還諸於社會，仍是利他主義的人生。

我希望你不要看別人的臉色，只要你願意，無論何時何地，你都能做到。做某些事的年紀可能有限，但年紀從來就不是最重要的。有一首歌是這樣唱的：「年齡不過是數字，心才是真的，跟著心走就對了。」為了展現人生的無限可能，不要受到社會視線或身邊人的話所影響，聆聽自己的內心聲音吧！

看你這麼喜歡小孩，趕快結婚生一個啊

「哇，孩子好可愛！」
「你差不多該生了。」
有特別的喜好，並不代表就能被歸類為同一種方向，可惜這個社會往往是如此看待。
「哇，貓好可愛！」↓「你可以養貓了。」
「天竺鼠好可愛！」↓「你該養天竺鼠了。」
「我喜歡咖啡。」↓「你可以自己種咖啡豆。」
你喜歡什麼？喜歡水果嗎？那麼你是時候歸農了。這話聽起來很怪嗎？對特定的人事物有興趣，並不代表就要親自「養」它們。但為什麼對「孩子」的好感要被與結婚、生育、育兒連結，非要把我們推向那個世界呢？

喜歡孩子 → 到了該結婚的年紀

婚姻主義社會在填補其中的邏輯跳躍、間距。

我們早就聽膩這類莫名其妙的因果表達方式了，像是「會打掃的話，婚後會受婆家喜愛」、「喜歡做料理，早上就不擔心餓肚子」、「喜歡運動太粗魯了，老公會不喜歡」、「只要能包出漂亮的餃子，就會生漂亮的女兒」等。所有的「因」都可以歸到「結婚」這個結果。我的所有興趣、愛好，甚至一舉一動，似乎都是為了結婚而學或具備的。

但並非所有喜好都能帶來責任感。喜歡孩子並不意味著必然要有育兒意願，或是到了生育的時刻，就像我喜歡手機也不會因此去製造半導體。這種千篇一律的社會價值觀令人鬱悶。還有一種從遺傳角度出發的「可愛論」——每個人看到嬰兒都會喜歡上嬰兒，因為嬰兒很可愛。照這個理論，任何東西只要接近嬰兒的比例，哪怕是一把錘子也會覺得可愛。

單憑覺得可愛、漂亮，並不足以承擔一個生命的成長責任。即使是養寵物都深感責任重大了，要養育一個人如此複雜的歷程，怎能用單純的邏輯下結論，更無法用「覺得孩子可愛，就到了該結婚的年紀」一句話來掩蓋之後的責任與風險。孩子是一個「個體」，我們無法單純覺得孩子可愛就決定栽培一個與我不同的獨立個體。照顧自己已經夠忙、夠累了，輕易地決定要養育另一個人，就像是在賭博。

在社會普遍認定的適婚年齡二十到三十歲，人們經常提及「結婚的適當時機」，卻忽略了這段時期正是創造人生的黃金時期。例如有設計專業的人，應該在這段時間多方體驗，確定自己適合哪種設計領域；如果從事電子工學、建築或會計等專業，也需要考取各種證照，提升專業能力；至於大眾傳播領域，則可以了解社會、經濟、文化等方面，找到適合自己熱情的發展方向；若是藝術專業，則該全心投入自己的作品；未上大學的人要趕快學習技術、創業或開發自我。無論如何，這段時間都應該全力以赴地打造「自己」。這個世界並未規定你讀什麼科系就必須從事哪種職業，若從事的工作與大學科系完全無關，也需要投入時間培養自己的競爭力。

實際上，不婚人士通常比其他人更努力生活，許多前人都證明了這一點。不婚人士之所以如此，一是為了未來與晚年生活，而且也不想聽別人說難聽話。雖然有時會感到疲憊，但看到時刻都在成長的自己卻非常快樂。然而有一點是絕對不能忽略的，那就是「閒暇時間的管理」。

每個人都需要閒暇時間，由於不婚人士有努力生活的強烈傾向，可能會忽略慢下來的必要性。對易受偏見歧視的不婚人士來說，享受閒暇也對生活很有幫助。人不能總是像陀螺般旋轉，不婚是為了打造充實且有餘裕的生活。既然如此，該如何管理閒暇時間呢？

培養悠閒心態的閒暇時光

「閒暇」和「悠閒」兩者的意思其實不同。閒暇是指「工作之餘的時間」，而悠閒則表示「能冷靜思考、從容行動的心態」。簡單來說，閒暇是時間，悠閒是心態。我們要把擁有悠閒心態的舒適生活視為重要目標。悠閒心態結合了工作的成果與閒暇的時間，並且從中獲得滿足感。

閒暇時間並不需要特別做什麼，可以先思考自己做什麼時最幸福、最有意義，然後從能在家裡或附近從事的簡單事情開始，這樣能避免嫌麻煩或困難的心情，才能持續下去。當選擇變多時，不要再浪費時間，要迅速把時間轉化為自己的收穫。

要養成閒暇時間的習慣是有方法的，若只是為了打發時間而隨意開始會很難持續。要先整理出你喜歡做、能做的，還有剩下的空檔，然後逐步實踐。像是散步、騎自行車，或是去爬家附近的山。你可能會想，閒暇時間還要養成習慣，會不會太勉強自己？可是一旦固定下來，就會成為習慣，成為習慣後，你的生活就會因此改變。如果你養成了運動習慣，你就會自然地跑去運動，也會根據運動時間決定吃飯時間、洗衣時間和行走距離。一開始可能有些困難，但只要堅持下去，你會發現你的身體會自然而然地動起來。

別陷入千篇一律的對話

「啊，貓真可愛！」
「看到貓咪腳掌踩來踩去的模樣好幸福。」
「我好喜歡天竺鼠！」
「看天竺鼠跑滾輪看到忘了時間。」
「我好喜歡咖啡。」
「我們有新出的咖啡豆，要來杯滴漏式咖啡嗎？」

在作出某項選擇時，應避免因個人喜好與想法，陷入千篇一律的對話模式。這就是為什麼我們應該儘快讓大眾理解並尊重那些能夠照顧好自己生活的不婚人士。縱使現在的世界還未完全接納，也無需失去信心。重要的是讓我們的生活充滿自己喜愛的事物，過得悠閒自在就好。

你就是因爲沒結婚，脾氣才這麼怪

每當聽到「歇斯底里」一詞，很多人最先想到的就是「歇斯底里的老處女」。過了適婚年齡的人如果個性太稜角分明，這就會成為解釋她們一切言行的萬用詞。「她就是沒結婚，才這麼歇斯底里」，哪怕不說出口，大家也會默默那麼想，甚至拿來當作笑話，沒人注意到這對不婚人士有多冒犯。

歇斯底里是一種神經疾病，指因神經性原因導致行動麻痺、精神失常、痙攣等生理症狀或健忘等的心理症狀。但這個詞彙從未被正確使用。「歇斯底里」一詞的定義與女性有關，它來自希臘文的「子宮」（Hystera），原意是指子宮的運動。在古希臘時代，女性的疑難雜症統一被稱為「歇斯底里」，醫生一律建議用結婚、再婚或懷孕解決問題。所有歇斯底里的症狀都被認為是性慾不滿的老處女與寡婦。

在C女子高中擔任教師兼舍監的B女士，以呆板、單身主義者、虔誠的基督教徒聞名。她年過四十仍未婚，臉上布滿雀斑，看不到少女的風情，只讓人聯想到枯萎、粗糙又乾黃的黃花魚。她額頭布滿皺紋，頭髮稀疏難以整理，亂糟糟的髮一團混亂，衰老的痕跡無法掩飾。她的嚴厲和冷酷讓寄宿生們畏懼，每當她皺著突出的嘴，透過放大鏡片射出的冷冰冰目光，讓人不寒而慄——《B舍監與情書》

「歇斯底里的老處女」不僅常見，也在不少文學作品中出現過。文中對B舍監的描述實在讓我感到不太舒服。作品解析中提到這樣的描述是為了突顯B舍監的孤僻。可是「少女風情」又是指什麼？在這本小說結尾，學生發現B舍監在模仿情書中戀人的對話。我認為這本書對B舍監的描寫反映了大眾對不婚人士的刻板印象。認為嘴上說要不婚，其實是渴望結婚卻沒成功，純粹是逃避心理。這或許代表了排斥不婚主義者的人對不婚主義者的貧瘠想像。

我們的高三班導師是個帶高三生的高手，經驗豐富，但因為年過三十還沒結婚，被學生戲稱為「老處女」。學生很關心老師的終身大事，常開玩笑地問：「老師，你不打算結婚嗎？」甚至當聽說老師的弟弟已婚時，有些學生會不太客氣地說：「弟弟比姐姐更早結婚，老師怎麼辦？」明明我們都只是高中生，卻表現得像是個瘋狂想婚的人。這正是高中生更容易受到社會長期灌輸的價值觀影響，又口無遮攔。直到我決定不結婚後，我才了解在結婚至上的社會中，人們常以是否結婚來評斷一個人的價值和能力。

在工作場合中，我們難免會有情緒不佳的時候。然而我的同事常常不加思索地將我生氣的原因歸咎於「沒結婚」或「歇斯底里」，這實在很荒謬。沒人願意了解我為什麼情緒低落、為什麼生氣。為什麼要把個人情緒問題與婚姻連在一起呢？難道結了婚就不會有情緒問題嗎？要是已婚的人展現同樣的情緒，也不會有人說「他是因為結婚了才這樣」。

結婚並不能解決所有與個性相關的問題，但很多人認為單身人生是不完整的人生，給予未婚者負面評價。這是因為社會以結婚為主要價值觀，縱使一開始你清楚自己生氣與是否結婚無關，到最後也會開始懷疑自己。我們是否能擺脫這種觀念的影響呢？縱使在網上搜索「最近很生氣，是因為我是歇斯底里的老處女嗎」，仍會看到大量相關文章。我們不該再質疑自己，而是該質疑這種社會觀念。

當我們清楚說出自己的要求，那是我在表明自己的想法與權利，一旦造成其他人的不便，他們所能使用最方便的邏輯就是：「你這麼善良、漂亮，說話要好聽點，不然你就是歇斯底里的人。別那麼敏感，大家都是這麼生活的。」

在韓國社會裡，表達個人想法並不容易，若你的觀點和別人或社會不同，很可能被視為異端。可是對不合理又荒謬的社會現象提出批評是必要的，只有勇於發聲，社會才會改變。我們應該自信地站出來，自信的意思是「相信自己能夠完成某件事或達成目標的信念」。你可以做任何想做的事，並且有能力取得想要的成就。人們有時會將自信和自尊搞混。自尊是「珍視自己，保護情緒的態度」。自信則是對自己行動的堅定信念，有勇氣實現目標。

不婚的朋友，請懷抱自信。在這個高呼結婚萬能的社會，你可能會因為說出「我不婚」而遭受到奇怪的眼光。越是這種時候越要有自信，相信自己的選擇與說出的話。當我們對不婚生活充滿自信時，就不會被其他人的負面評論動搖，反而是他們會變得混亂。

當你說出「我是不婚主義者」、「我不打算結婚」、「我將來想獨自生活」時，你會變得更堅強。選擇守護自己聲音的你並不是歇斯底里的人，而是勇敢的戰士，是懂得堅持自己權利的人。為了讓不婚成為理所當然，為了讓不婚被視為另一種生活方式，你需要更有自信，更大聲地表達你的聲音。

那是因爲你還沒遇到好對象啦

這個社會仍有很多人認為不婚的原因不是不想結婚，而是還沒遇到適合的伴侶。「你只是還沒遇到對的人，遇到合適的人就會想結婚了。」這些人相信遇見互補的伴侶是生命必經過程。倘若真出現對我的人生有正面影響的人，我就非得為了共度一生，用結婚制度捆綁住兩人嗎？

我常常反問他們一個問題：「到底什麼是所謂的好對象？」他們給出的答案幾乎相同，列出一長串正面形容詞：善解人意、深思熟慮、誠實、責任感強、懂得照顧人、有智慧、體貼、具有領導能力、聰明、有能力、幽默、隨和、細膩、不撒謊、單純……這種完美的人真的存在嗎？縱使是我自己，也難以達到他們所謂「好對象」的條件。而為了彌補我的缺點，我還要苦苦尋找一個不知身在何處的好對象。

人們常常相信遇到好對象能促進自我成長，確實如此。然而很少有人意識到，即使刪去「遇到好對象」這個前提，自己仍具備成為更好的人的能力。每個人都會依據自己的價值觀來設定「好對象」，稱其為我的「理想型」。或許大家對自己都太沒自信了，其實理想型的標準，通常都包含著對自己的期望和要求。

我曾經的理想型是「值得我學習的人」，我希望對方有足夠的智慧，並且勤奮、廚藝高超、做任何事都游刃有餘、願意不斷學習新知、不怕迎接挑戰。我想要那個人擁有我所沒有的品德和能力。現在回想起來，我才意識到這些期許其實是我想成為的「理想自我」。我把自己想要的特質投射到虛幻的人身上，希望能遇到符合這些條件的人。我從未想過自也可以擁有那些特質。與其尋找一個好對象，不如讓自己成為好對象，創造更有價值的生活。選擇不婚給了我機會，讓我成為那個理想的自己。

理想型，其實是你對自己的期望

請回想一下你從以前到現在的理想型，把他的形象代入自己身上。也許會有點難以想像或覺得尷尬，不過你有必要弄清楚自己潛意識認為自己有哪些缺點，才塑造了那樣的形象。這能幫助你了解該從何著手，以成為理想的自我。

以我為例，我的理想型是值得我學習的人，所以我的目標是提高工作能力與創造迷人魅力。這裡的魅力是指當我見到能做到我所做不到，知道我所不知道的人時所感受到的情緒。看到某個人的特殊才華或出眾能力，投以憧憬的目光，自己也想擁有那種才華或能力是很棒的。身邊有魅力的人越多，自然也會期許自己成為別人眼裡有魅力的人。

實際上，那種魅力的基礎來自對個人能力的信心，因此準確來說，可以視為是培養工作能力的一環。因此，為了提升工作能力，成為不可取代的「好對象」，我一改過往被動的態度，主動學習各種業務。當我對工作領域了解越多，對工作就更有自信。主動學習所產生的熱情也成為巨大的動力，讓我擁有比過往更遠大、具體的目標。

在成為理想自我的過程中，我產生了成就感，也覺得人生根基更加穩固。但如果太關注自我成長，對取得成就時的喜悅感到上癮，可能會有點過度執著。看到自己失控的模樣難免會感到失望，沮喪，但成長是一輩子的功課，希望你千萬不要心急。

去認識更多不婚夥伴吧！

遇到合適的伴侶時，我們會有所成長，而當自己努力成為更好的自己時，碰巧遇到合適的伴侶，則會產生出乎意料的加乘效果。儘管我們可以獨自成長，但有時也會力不從心，懷疑這是否真的是最好的選擇。有時候，我們可能會遇到無法繼續前進的時刻。這時，假如你身邊有和你相似的人，就能在共享目標、交換意見時，發現過去沒有想到的角度。

我在不婚生活共同體遇見各種不同年齡、領域和生活方式的人，也產生許多意想不到的互動。我們各有喜歡的興趣，也會一同挑戰新領域，相互提供專業知識和技術支援，一起進步成長。像是有越來越多人愛上慢跑，我們會一起跑步；我們成立了英文讀書會來提升英語能力；還有人召集了對開發新事物感興趣的人，共享知識。起初可能是少數人影響了其他人，但很快地，大家的互動變得頻繁。某人受到正面影響後，也想貢獻自己的能力，幫助他人，自然產生了良性循環。儘管成長速度各有不同，但所有成員都在這個循環中逐漸茁壯。

不婚生活共同體的成員像是同事或鄰居，從事各種交流，相互影響生活。傳統上「物以類聚」這詞常帶有負面含意，然而我最近體會到的「物以類聚」卻充滿生命力，是一個正向且意義深遠的觀念。與那些能提升價值、充實自我的人聚在一起，讓許多事產生改變，也讓我對未來充滿期待。

與此同時，你仍然不能忘記，這是你自己的人生。在人際關係中要抓住重點，當你遇到有魅力的人時，有時會不自覺地想模仿對方的方式。然而食物就算再美味，吃太急也可能會噎到。假如你失去自己的步調，一味效法對方，容易使身心變得疲累。如果發現這種情況，請暫時不要與人見面，保留一些獨處時間吧。試著區分什麼是真心想做的，什麼是目前缺乏的，以及什麼是你實際上能做與不能做的。

不要心急，從小事著手。既要享受不被孤立的生活，也要重視與人相處的生活，無須追求價值觀完全一致。只要能互相接受，就能建立健康的關係。當然，我並不是要你容忍傷害你的人，而是說遇到合不來的人時，要妥善地控制和他的關係，這是很重要的。

人際關係就像在一片廣袤的土地上種植自己喜歡的樹木，不論是在相同領域結識朋友，還是跨越領域走入人們；是要只結交一位好友或廣結善緣，都沒有固定答案，也沒有對錯之分。建立關係需要心力，才能培育出茁壯的大樹。可是，並非要全情投入，付出真心才是關鍵。穩固的人際關係猶如蓬勃茂盛的大樹，能讓你們相互依靠、陪伴，共同歡笑、面對風雨。有時甚至能結出美味的果實，讓生活更豐富。願你在茂密的林中展開精采冒險，成為他人心目中值得依賴的大樹，一起過著自立又彼此扶持的美好生活。

不結婚就等著孤老一生喔

「如果你生病，要怎麼自己活下去？」

「要是孤獨死怎麼辦？」

「不結婚就等著老了一個人受苦。」

我下定決心過不婚生活後，大多數人站在我的立場鼓勵了我，但也有人表達以上看法，勸我三思。第一個知道我宣布不婚且給予最熱情支持的母親也屢屢問我有沒有改變心意：「真的不打算結婚嗎？」聽著這些話，我覺得結婚制度彷彿什麼為照顧老年人提供的服務一樣。儘管恐懼可能會成為結婚的動機，但我仍心存疑惑。

我只是不打算結婚，人們卻擅自將不婚人士的晚年想像成孤獨終老，註定走向孤獨死的結局。母親曾說：「我擔心我走後，你沒有孩子和家人，只能獨自生活。」在母親眼中，不婚人士似乎都晚景淒涼，也許就是因此，每個父母才都希望孩子能組成家庭。

不婚只是不結婚，並不表示我們會與世隔絕。人確實無法獨自在這個世界上生活，但不婚的人生只是擁有了更多自由和獨立，但一樣會和其他人交流。覺得不婚的人會孤獨度過下半輩子只是無謂的擔心，根本無法引起我們的共鳴。

到底是誰將不婚汙名化了呢？在談論這件事之前，我們有必要了解上一代的成長背景。過去，結婚被視為基本的人生階段，不符合這種規範的人常被貼上「有問題」、「沒人要」等負面標籤。社會長期將未婚視為異常，使得未婚人士感到被忽視，甚至可能自我封閉。然而隨著時代改變、不婚人士增加，大眾對待不婚的態度也發生變化，不婚人士不再因為未婚而躲藏，也不再受到指責。

儘管如此，依然有人擔心不婚主義者晚年可能面臨孤獨的處境，特別是這種擔憂常出現在剛做出不婚決定的人身上。相對於結婚的人，他們缺乏法律認可的家庭地位，就算與某人一起生活也不存在法律關係。因此，不婚主義者很少被列入統計數據，也無法享受結婚制度的種種優惠。

這種現實在某種程度上讓不婚人士感到不安，渴望有所依附，希望能在某個領域找到與自己志同道合的人，建立起社交網路，不僅找到共鳴，也能一起規畫未來。就像育兒社群一樣，父母在網路或現實生活中結交有著共同目標「育兒」的其他父母，舉辦聚會、分享資訊和經驗，互相尋求安慰。

不婚生活共同體也是如此，只不過我們關心的主題不是子女，而是自己。我們在這個社群中分享各種話題，像是如何保持健康、理財和檢視財務狀況、單身家庭能享有哪些優惠制度、最近好看的電影、晚餐推薦吃什麼等。這讓我們不再感到孤單，彼此的互動成為生活的一部分，帶來歡樂和溫暖。

我們需要更多不婚的榜樣

人們通常對與自己有共同點的人更友善也更信任，不婚人士也是如此。當面對選擇、恐懼或難題時，也會在不婚社群中與他人分享。這個社群能提供類似經驗的人互助的機會，並結合多元的經驗、想法和價值觀，拓展更寬廣的世界觀。我們超越了對不婚人士晚年生活的有限想像，看見更多可能性。

我曾與同樣是不婚主義的朋友聊到，希望十年、二十年後一起建立不婚生活共同體，住在同一個地方，這樣可以互相照應，為我們的生活提供保障。常有人說，選擇不婚會導致世代之間的斷裂。但我希望下一代仍然堅守不婚理念。對他們而言，他們的模範是那些選擇不婚的我們，而不是被束縛在柵欄內的人。因為延續世代的方法不僅只有簡單的生理基因傳承，而是找到能共享價值觀的共存之道。

身為不婚主義者，我並不擔心晚年生活。然而，由於缺乏能參考的前輩，所以很難具體描繪未來的模樣。因此，我們希望成為下一代的榜樣，展現出即使是不被社會認可的家庭型態，仍能過得美好的不婚生活。儘管有時會感到疲憊，被他人的負面評論所動搖，我們仍勇往直前。只要想像著充滿希望的未來繼續生活，就能實現一切可能。這也將成為未來世代的另一種可能與希望。

決定不婚可能只是個人選擇，但若說要「成為下一代的榜樣」，聽起來可能有些壓力。對於只是想擺脫他人施加的重擔而選擇不婚的人來說，並不意味著必須背負某種使命。

然而，我們正走在一條尚未鋪好的道路上，必然會遭遇許多障礙，也可能因受限而感到沮喪。這就是現實。我們必須努力讓事情變得更好，開創各種不婚生活的先例。讓下一代對不婚能有新的看法，讓不婚不再成為「受關注的現象」，而成為一種自然的生活方式。我們實現的價值能為他人創造可能性。

由於我還沒有親身經歷這段路程，也很難提出具體計畫。但讓我們回想一下十年前、二十年前，同樣很難想像不婚會如此普及，藝人會在媒體上毫不掩飾地談論自己不打算結婚。我們有能力打造自己的未來，而這個未來將比我們想像得更美好。這完全取決於我們的意志和努力。

不婚並不奇怪，也沒有做錯事

在生活中，我們極少能遇到和自己想法、生活模式都相似的人，人與人之間很少出現交集點才是常見現象。但不婚生活共同體的人，卻因不婚產生了交集點。

重要的是，你身邊的人是誰？我們會受到身邊人持續的影響。如果你的朋友都喜歡看表演，你自然也會對表演產生興趣；假使身邊有很多熱愛運動的人，你也會想參與其中。身邊人的影響使我們更容易培養某種興趣，也更有可能取得相關資訊。當你問「我要不要開始運動」、「我想看表演，有什麼推薦」時，你不會得到冷漠的回答，相反地，對方會很高興你對他們的事感興趣，並樂意分享。

不婚主義者也一樣，當我們身處一個不斷有人說「你們很奇怪」、「你們錯了」的社會，無論我們多努力安慰自己，總有疲憊與孤獨的時候。獨自熬過那些艱難時刻不容易，但要是身邊有志同道合的朋友，哪怕只有一個也足以填補孤獨。「原來不是只有我奇怪，也不是只有我一個人有這種想法」，如此一來，我們就能獲得安慰與力量。你是否曾經歷過「敵人的敵人」帶來的強大團結力量，甚至比有共同愛好帶來的力量更大。不婚人士很容易團結，就是因為共享了社會中受到強烈壓力、迫使結婚的挫折感。你可以回到本章的目錄，把這些話當作對話的主題：

「你還太年輕才那樣。」
「到了該結婚的年紀了。」
「看你這麼喜歡孩子，差不多該結婚了。」
「一個人要怎麼生活？」
「她是溫室裡的花朵。」
「因為結不了婚才歇斯底里。」
「那是因為你還沒遇到好對象。」
「不結婚就等著孤老一生。」
「不結婚，活著還有什麼樂趣？」

我們都被傳統觀念不斷灌輸，聽得耳朵都快長繭了。因此，縱使我們來自不同背景，只要開始討論對這些觀念的不滿，就會立刻成為知己。就像向他人傾訴煩惱能減輕壓力一樣，與他人討論那些在其他地方不方便說或可能被批評的事，瞬間讓我們感到解脫，不再孤立。

我是不婚主義者，對方也是如此，所以不用擔心說出會讓對方不舒服的話，也不會問一些微妙的問題，像是「你為什麼不結婚？」。不婚不需要理由，即使有理由也不用好奇。知道彼此不會說出讓對方不舒服的話，這讓人際關係變得輕鬆自在。

身邊有很多人過著相同的不婚生活，能對你的生活方式有所幫助。但在社會上交友本就不易，要找到同樣不婚的朋友更加困難。有時候你所在的群體（學校、公司或補習班等）裡可能沒有不婚的朋友，這是很常見的。你可能也曾試圖向他人解釋你的不婚生活，想尋找一起過不婚生活的人，但往往未能成功。尋找不婚朋友是很難的，也不太可能指望偶遇。讓散落各處的不婚人士找到彼此，這正是不婚生活共同體的存在價值。

理解我的人

許多人都想知道加入不婚生活共同體有什麼好處。我以前不太喜歡和人交往，喜歡獨處，共同體的成員也大多如此，與其和性格不合的人相處，只會更疲憊。這也是我們組成不婚生活共同體的原因之一。雖然和人來往仍然會消耗能量，但至少在這裡，和志同道合的人相處愉快，這帶來了比預期更開心、正面的效果。

在我準備不婚生活共同體講座活動時，原本預期會有五到六名成員願意擔任講師，卻意外地只有一人申請，讓我有些不安。但也不能因為缺少講師就取消活動，最後只好由三名共同體的代表被迫上臺演講。他們也沒有自信，但別無選擇。由於那時不婚生活共同體還在草創階段，人手不足又籌辦活動，實在忙得不可開交，幸好活動還是順利進行。出乎意料的是，最沒自信的代表上臺後，反而收到最多肯定的評價。

最近，我們再次籌備了類似活動，擔任講師的成員明顯增加，而隨著共同體成員不斷增加，講座主題也變得更多元。擔任講師的成員紛紛分享他們的感受：「有這樣的機會真的太好了」、「如果不是加入這裡，我可能永遠沒有演講的機會。」、「當初申請時，沒想到真的會讓我上臺，我真的好緊張。」、「一度想要放棄，但其他人不斷鼓勵我，我才能完成這個任務」……曾經覺得無法做到的事，竟在生活共同體的力量下順利完成。這正是社群存在的意義。

加入不婚生活共同體有很多好處，你可以輕鬆地在這裡找到志同道合的人，並參加你喜歡的活動。目前成員開展了雜誌和作品研究會，一同寫作，並參加自我成長、經濟學習、閱讀等小組聚會。假若沒有這個社群，要參加這些活動幾乎不可能。因為得從無數廣告中挖掘有用的資訊，加入各種社團、公開聊天室，又要參加一日課程和補習班，都需要花費大量時間和金錢，還要擔心會遇到陌生人或怪人，最後可能因為太累而放棄。

有些人擔心參加這麼多活動會讓自己太忙碌，我也曾這樣想。我自知是比較懶散的人，不喜歡太忙碌。但後來我陸續聽到其他成員都很積極參與，他們看似忙碌，卻從中獲得樂趣，這激勵了我，讓我開始有了要不要參加一個小聚會試試的念頭。

從聚會中找夥伴

在不婚生活共同體中，成員相互影響，參加各種小組聚會，並將這樣的正能量傳遞給其他人，鼓勵他們加入已有的聚會或自己組織新聚會。這種良性循環持續不斷。雖然每個人背景各異，性格有別，成長環境也不同，意見分歧是常有的事，但之所以順利運作，是因為每個聚會都有具體的目標。

要是大家參加的只是沒有明確目標的聯誼活動，各自的方向可能會相左。可是在共同的目標下，大家能夠調整方向，就容易形成共鳴。不婚生活共同體中的所有小組聚會都有明確目的，每個人都有自己的職責，因此都會盡心盡力地完成。此外，成員之間互相尊重與關懷也是不會引發矛盾的重要因素。

在現代社會，個人主義日益嚴重，許多人經常斷言不婚的人「生活沒樂趣」，過度親切地替別人擔心。但很抱歉，我們過得很快樂。我們最常收到的回饋是「還沒聊夠」、「續攤時間不夠」、等。我們還為此特別安排了「聊天時間」。當我們向彼此傾吐對婚姻中心主義、婚姻萬能主義社會的挫敗感時，產生了巨大的共鳴。那種內心的激動，讓我們感受到彼此的連結。

很多人都在尋找不婚的理由，而每一個文章標題，也都是人們在尋找不婚理由時會聽到的話。但是，不婚一定需要理由嗎？難道不能想不婚就不婚嗎？只是想獨自生活，不可以嗎？

希望大家不要再追問了，那些問句總是隱藏著「你必須說服我認同不婚」的意思。但我們沒有必要說服這個世界，就像我沒必要向別人解釋我喜歡吃冰淇淋一樣，不婚就是一種生活方式，我們沒有必要解釋給任何人聽。

從裡到外，都需要「自己的房間」

提到不婚，最常聽到的就是「一個人要怎麼生活？」我第一次被問到這個問題時相當驚訝，記得當時我想了很久，還認真回答了自己獨自生活的計畫。後來才意識到問這問題的人應該也不是真的好奇我要如何獨自過日子，而是認為人不能單獨生活。從那以後，每當被問「一個人要怎麼生活」時，我都在心裡回答：「那兩個人要怎麼過？三個人、四個人呢？」

我們有時候會聽到一些看似理所當然、宛如人生真理的話，仔細一想卻發現前後矛盾，而這種矛盾無所不在。例如：「錢是萬能的，沒有錢的人生是不幸的」與「追求錢的人生是不幸的，許多有錢人也會感到不幸。人生除了錢，還有許多重要的事物，不要把金錢看得太重要」。正在讀這篇文章的你，認為什麼才是正確答案呢？但這些問題真的有正確答案嗎？

我認為每個不婚主義者對婚姻的看法都有一些相似，但仔細分析後，會發現其中蘊含著不同的價值觀。有些人是不想被法律約束，覺得同居或戀愛更適合他們；有些人覺得和他人建立關係很不自在，希望獨自生活；還有些人希望就算不結婚，也想自己撫養孩子。我不是要你立刻給出這個問題的答案，因為很難立刻找到絕對正確的答案，也沒有統一的答案。我們所追求的「正確答案」會因每個人的內在標準與價值觀而異。

讓我們回到最初的問題——一個人要怎麼生活。問這個問題的人可能並不真的好奇你獨自生活的方式，但對於選擇不婚、實踐不婚生活的我們來說，確實需要思考怎麼「看待」不婚生活。在現代社會，不婚生活並不容易，尤其是沒有婚姻帶來具法律保障的人（配偶）。因此，自己的力量比什麼都重要，這就是自立。自立意味著有足夠的經濟能力維持自己的生活，並擁有讓自己心安的居住空間。在不婚人士之間有一本著名的經典著作也反覆強調這一點，就是維吉尼亞・吳爾芙（Adeline Virginia Woolf）的《自己的房間》（*A Room of One's Own*）。

以前的我為了維持生計，曾在報社打工，必須寫一些猴子秀、偶爾採訪婚禮之類的文章，但我覺得比這些更令我痛苦的是內心滋生的恐懼。我總是被迫做一些不想做的事，並感受到我的小小（雖然微不足道，但對我來說極為珍貴）才華似乎正在消逝，我的自我和靈魂也隨之灰飛煙滅。這種感覺就像讓樹木的生命耗盡，春天盛開的花朵被侵蝕。

女性在家中的客廳寫作，常會受到各種干擾，因此在客廳寫散文或小說比寫詩或戲劇更容易，因為需要的專注力較少。珍・奧斯汀（Jane Austen）就一直在這樣的環境中寫作，直到她去世。

由此可看出吳爾芙強調的重點是：有足夠的經濟能力支持我想做的事，並確保這些事能持續進行所需的空間。正因為這樣的理念，即使這本書寫於一百多年前，仍深深觸動著現代的我們。每當我感到獨自生活很吃力時，就會閱讀這段文字，從中獲得安慰，「啊，這原來就是一個辛苦的過程」，同時從「她一直這樣寫作，直到離世」這句話中，獲得持續努力的意志和勇氣。

要想過真正滿足的生活，就需要擁有自己的私人空間和足夠的經濟能力來維持生活水準。可是，三百六十五天不停的忙碌旋轉過後，難免會疲憊不堪。在這些艱難時刻，該去哪裡充電，重新點燃對生活的熱情呢？即使外在事物能像魔法一樣給我們短暫的能量，但那並不是永遠。最終，答案在我們的內心。

我們要在現實生活中打造專屬自己的領域，在內心深處創造專屬寄託。有許多人因為沒有心靈的房間而感到疲憊，各種心理痛苦與疾病正以驚人的速度增加，諮商所的看診人數也不斷上升。書店裡特別設立了心理書籍專區，療癒影片大受歡迎，瑜伽、冥想等能平靜心情的課程與場所也很熱門。種種社會現象都證明，人們渴望擁有心靈寄託的空間，也在尋找替代的場所。

請你想一想，你有自己的心靈房間嗎？

聽來有點虛幻，不過你可以進一步思考：你對不婚生活的期待是什麼？現在的生活是否與你的期待一致？你是否清楚自己想要什麼？儘管沒有標準答案，但至少你應該先擁有自己的標準。

打造心靈的房間

要如何建造心靈房間呢？我推薦意象訓練（image training）。這種方法主要用於運動員，在腦海中不斷描繪情境，藉此鍛鍊身心。你可以想像一個心中的房間，這個空間完全屬於你，可以是家、工作室、車……你應該想像過很多次了。在這個心靈房間裡，你可以擁有漂亮的家具，配備你需要的東西，床上鋪著你喜歡的床單……光是想像就能讓你感到快樂。讓你的想像力展翅高飛吧！剛開始或許有些困難，也可以用曾看過的事物，來豐富你的想像。但記得在進行意象訓練時，請找個舒適的姿勢，專注描繪內心的房間，不要再分神查資料。

對於初次接觸意象訓練的人來說，可能會有些不習慣，覺得這到底是在幹麼？所以我想分享一下自己的訓練過程。

我第一次創造的心靈房間是在春末初夏的某一天，我想像自己站在一座不陡峭的山上，一棵蒼翠茂盛的大樹在眼前，四周靜謐無聲，陽光透過樹葉間的縫隙灑下來，正是午後時分。我躺在樹下鋪好的席子上，感受著溫暖的風吹拂。意象訓練有助於放鬆緊繃的身心，但隨著訓練的深入，我發現這個空間除了讓我放鬆和休息，還不足以探索其他情緒和想法。因此，我根據自己的需求創造了新的空間。現在我會根據時間和需求自由地描繪心靈房間。在這個訓練中，你不需要遵循任何規則，可以盡情創造讓自己舒適的場景，可以是水底世界、宇宙星空或各種奇幻的地方，只要你喜歡，都可以成為你的心靈房間。

當你已經能建立一個心靈房間、提升專注力後，下一步就是在這個房間裡創造各種該做的事。你可以在心靈房間內進行整理，清理心中的雜念；嘗試新的挑戰，為自己設定新的目標；或者盡情大哭，釋放壓抑的情緒。例如，你可以把雜念收集起來，然後一一燃燒；把糾結的想法捲成一個個毛線團，整齊擺放；也可以打造一個美麗的書房，整理並珍藏你的回憶。無論做什麼，都是為了讓你的心靈房間更加舒適、美好。

除了能緩解情緒，這些過程還能讓你在相同的想法中找到新的視角，有時甚至帶來全新的想法。透過意象訓練來建造心靈房間，有助於藝術治療中的視覺化，以及正念時的專注、觀察和冥想等。縱使你沒有充足的背景知識，也沒有接受專業訓練，但是用熟悉的視覺和形象建構心靈房間，很容易就能上手。

我之所以開始意象訓練，是因為在冥想、運動、繪畫和寫作時，總是無法全心投入，反而更專注於在進行這些行為的自己身上。尤其冥想更需要清空思緒，我卻一直被「我必須清空思緒」的想法束縛，反讓腦海更加混亂。意象訓練成為我激發新想法、捕捉平日錯過事物的方法。

人腦無法區分現實和想像。試想一下，把一個熟透的黃色檸檬對半切開，然後咬一口。雖然你並沒有真的吃檸檬，卻能感受到唾液分泌。同樣的邏輯也適用於創造心靈房間時，你可以在其中整理思緒，舒緩負面情緒，並不斷思考正面事物，還有比這更有效又主動的沉浸感嗎？

每個人的方式各異，有人喜歡透過冥想來消除壓力，有人喜歡用運動紓解情緒，還有些人會用創作了解自己。而我建議採用意象訓練創造心靈房間的原因是，這不僅能幫助消除情緒（尤其是負面情緒），還能持續尋找、理解和接受自我，這在生活中是非常重要的一部分。

「好好地」獨自生活的關鍵在於，在外具備經濟能力，能照顧自己的未來。更重要的是，在這個過程中要深刻了解自己、接受自己、愛護自己。

有一次我跟朋友談到心靈的房間，朋友說：「你是在腦海中玩養成遊戲嗎？」我忍不住大笑。在某種程度上，這句話並沒有錯。心靈房間就像是培育內在自我的概念。而我們之所以選擇不婚生活，是為了好好地過日子，並保持身心健康，活得更長久。因此，我們應該都建造一個心靈的房間。

一個人宅在家，其實是很忙碌的！

你是Home族[9]嗎？你喜歡宅在家，覺得出門又累又麻煩嗎？現代人逐漸對外在世界感到疲乏，宅家文化正在擴散，甚至還出現「被窩外面很危險」這句話（新冠疫情也助長了這種現象）。而這些把穩定視為重要價值、離不開家的人，一樣也有發現全新自我的機會。

在聊Home族之前，先來聊聊「獨族[10]」吧。隨著喜歡獨飯（獨自吃飯）、獨酌（獨自喝酒）、獨影（獨自看電影）等獨自活動的人數增加。根據韓國市場研究機構Trendmonitor於二〇一八年進行的調查，每兩名成年人中就有一名（四十九．一％）表示對人際關係感到疲憊。使得以「獨」開

9 指喜歡在家、不愛出門的人，類似宅男宅女。
10 혼족，指「心甘情願且充滿自信地」享受各種單身活動的人。

頭的新詞彙如雨後春筍般冒出。語言是社會的共識，新詞反映了當今時代的普遍認知

真正有意義的休息

我是非常內向的人，和他人相處時，很容易感到能量耗盡，尤其和陌生人相處時更嚴重。大學時，我會避免選修有小組作業的課，除了想避免分工的不公平，和陌生人一起作作業這件事本身就給我很大的壓力。

像我這樣的人，到底怎麼成為不婚生活共同體的共同代表的？我不喜歡參加新聚會，除非聚會目的明確，讓我知道會有怎樣的對話內容和模式時，壓力才會減少。幸好擁有「不婚生活共同體共同代表」這樣的職稱，給了我說話的勇氣和權利，「不婚」這個共同點也成為我和其他人的連結。我一直覺得人際關係帶來的只有疲憊，主要是因為我得和合不來的陌生人待在一起，也需要花很多時間確認對話方向和決定態度，耗費了大量能量。相比之下，和志同道合的人在一起，我的能量消耗速度放緩，而且非常開心，進而發現了一些從前不知道的自己。

根據二〇一八年韓國求職網站JOBKOREA與ALBAMON的統計數據，年齡介於二十到四十歲的人中，有超過六成表示自己屬於「居家族」，喜歡在家裡度過閒暇時間。其中有六成一的人認為「在家才是真正的休息」，位居首位。也許這正是為什麼和家有關的新詞彙，像是「居家咖啡廳」、

「居家訓練」、「居家度假」等不斷湧現的原因。這個調查結果讓我深感共鳴。

但要是家裡太舒服，很可能變得懶散，整天滑手機滑到最後，內心只剩下內疚感。什麼都不做真的是休息嗎？待在家一定是最好的選擇嗎？怎麼休息才算有休息到呢？我想建議獨自休息又捨不得浪費一天的你，讓你的成就感休息一天。

有成就感和有意義的休息可以是很簡單的活動，比如閱讀、欣賞電影等。如果你希望更有活力一些，也可以去散步、登山或跑步。我和共同體的其他人就很愛使Runday這個APP。記得有一次，我參加了一個以四天三夜不睡覺而聞名的營隊。朋友對我說「你一定還是會睡著吧」，這讓平時愛睡的我下定決心一定不能睡，要達成目標。朋友說要是基礎體力不好，一定很容易疲倦，於是我立刻開始了跑步計畫。

我發現了標榜每天跑三十分鐘的Runday，於是設定每天三十分鐘的跑步路線，並根據當天的狀況機動調整成五分鐘、十分鐘、十五分鐘或三十分鐘。我每隔一天就跑三十分鐘，如此持續了兩週。起初我也懷疑這種臨時抱佛腳是否有成效，但後來在四天的營隊中，我只睡了一兩個小時，還比其他人更有精神，親自體驗到體力增強的感覺，真的非常神奇。

Runday還有「八週挑戰：每天跑步三十分鐘」，完成後就可以蓋上印章。為了收集更多印章，我每天都會出門跑步，也會與共同體的成員一起跑，互相激勵。大家一起跑，果然比獨自奔跑更快樂，也能跑得更長久。

要找到讓你感到滿足並願意投入心力的成就，才能讓你真正地放鬆和休息。成就感是持續前進的動力。不要只是無精打采地躺在床上，只會讓你不斷對自己說「再躺十分鐘就好」。從現在起，擺脫懶散和找藉口，動起來吧！人不能變成一個固定不動的櫥櫃，嘗試一些新事物，讓你的休息變得更有意義，你會對自己感到超級自豪！

必須掌握「行動自主權」

在單身生活中，行動權有時會受限，但行動自主權對單人家庭來說尤其重要。無論是便利的日常生活、應對緊急情況，或是為了抓住更多機會，擁有行動自主權都是最直接、迅速的方法。

我要先聲明，寫這一篇文章的並我沒有駕照。或許你會覺得沒駕照的人寫什麼行動自主權，實在缺乏可信度。但請耐心看下去，現在每個人都有駕照，但我們都曾是無車族。回想起那段沒有駕照、行動受限的日子，就會明白當時的感受。

在經營不婚生活共同體時，我得到了一些必要的辦公用品，像是文件夾、文具、迷你冰箱、桌子、（被ＴＢ容量硬碟取代的）電腦等無法隨身攜帶的龐然大物。因為都是必需品，我們感激地收下，並由一位有駕照的共同代表開車去拿這些東西。沒想到東西比預期得多，我們像在玩俄羅斯方塊一樣，想辦法將物品堆疊到車內，再將自己塞到縫隙中間，好不容易才回到辦公室。

我為什麼要說一個這麼平凡的故事呢？要是沒有會開車的共同代表，我們大概就免不了要支付搬運物品的加價費，也可能覺得搬運費太貴而拒絕對方贈送物品的好意。然而，因為我們有車、有駕照、有行動自主權，因此可以接受對方的贈送，甚至在去程能聊著「搬完要做什麼？」「天氣很好，出去走走吧。」「去海邊怎樣？」

雖然因為搬東西的時間比預期要長，我們不得不取消原本計畫的海邊兜風，但還是在結束後吃了辣炒年糕才踏上返程。若沒有行動自主權，可能根本無法有這樣的行程。單單來回的車程就令人害怕，更別提吃飯了。行動自主權，就是確保我們有更多機會的重要關鍵。

自從新冠疫情爆發後，我深切感受到沒有駕照和車子的困境。如果公司不允許遠距辦公或從事無法在家工作的職業，就必須繼續通勤上班，無法以「因為新冠病毒，我不能上班」為由辭職。就算想這麼做，也還是需要謀生。當你因為無可避免的原因而通勤時，坐上擁擠的大眾交通工具，無法保持兩公尺社交距離，帶來的是一連串不安與恐懼。為什麼口罩不戴好？為什麼靠我這麼近？直接摸把手沒關係嗎？呼吸車裡的空氣總覺得不對勁。假如你有自己的車，這些想法與情緒都是多餘的。

如果你問「沒駕照」代表什麼意思，它意味著「我能去的地方僅限於大眾交通能到的地方」，雖然可以搭計程車，但單人家庭經濟能力有限，不能一直將錢花在計程車費上。「沒車就難以抵達」這句話背後意味著「很辛苦，所以不要去」，無法開車的地方變成無法前往的地方。此外，「沒駕照」也意味著「我的必須依賴大眾交通工具的時間表」，每次出門都要查看地鐵、公車、導航，了解所需移動時間，到達目的地前能夠享受的閒暇有限。有時看著聚會時間接近末班車時間仍無法結束，也讓我很煩惱該如何回家。當我被迫趕末班車，坐上末班車的瞬間也會很沮喪，因為末班車上總是擠滿了人。

保障行動自主權，就是確保你在時間、地點和各種經歷上擁有更多可能性。當你擁有行動自主權時，你可以隨時隨地出發。除非是國外或極端特殊地區，否則你駕車幾乎可以抵達任何地方。突然想看海？嚮往品嘗某個地方的美食？只要有充裕時間，隨時可以啟程。相較於花時間考慮來回移動等麻煩事，尚未出發就放棄並躺在床上，因為選擇太多而感到困擾，積極主動地增加機會，是否比學會放棄而變得無精打采的生活更美好呢？

發生緊急情況時，行動自主權也是很好的應對策略。若身邊的人或寵物在深夜突然生病，人生病還可以打一一九，寵物怎麼辦呢？可能要等到早晨或擔心叫不到計程車。誰都無法斷言會不會發生這種情況。過好日子固然重要，但面對緊急情況的靈活性也是不婚生活中必不可少的要素。

如果你不能確保下半輩子會有會開車的人在你身邊，就去考駕照吧。哪怕不立刻買車，只要有駕照，就可以租車或騎機車。雖然考慮到汽車價格、保養費、保險費、油價與停車問題等，買車可能是很大的負擔，不是個容易的決定。不過，假如進行價值評估，比如你在路上浪費的錢、時間、精力和錯過的無數機會，你立刻會明白有駕照是更好的選擇。既然你已經掌握了你人生的方向盤，為什麼沒想過握緊真正的汽車方向盤呢？

PART 3

從現在開始，學會照顧自己的一人生活

製作你的不婚財務狀況表

提到獨自生活，你的腦海中會浮現什麼畫面？或許還很模糊，不知道如何描繪那個的畫面？或者突然有太多要考慮，像是錢、稅金、保險、房地產、室內裝潢、打掃和健康飲食……不要害怕。還沒嘗試就退縮就太可惜了。只要你認真依循本章內容穩步前進，就能無所畏懼地度過一個人的幸福生活。

考慮不婚時會有很多擔憂，其中最擔心的應該就是「錢」。在這個物質至上的社會，金錢扮演重要的角色，對不婚人士來說尤其重要。一旦決定不結婚，就必須制定足以支撐獨自生活的計畫。因為沒有人能夠養我，也沒有一起儲蓄的伴侶，財務獨立對不婚人士來說非常關鍵。本章我們將探討不婚生活中必須了解的各種生活知識，包括經濟上的獨立自主。

在性價比與性「心」比之間

英國哲學家法蘭西斯・培根（Francis Bacon）說過：「金錢是最好的助手，同時也是最差的主人。」意思是金錢可以幫助我們實現許多夢想，是一個好工具。然而，當我們讓金錢成為追求的目標，就可能變成金錢的奴隸。我不確定世上是否真有人願意成為金錢的奴隸，但人們常常說「財迷心竅」，這可能是他們被金錢追趕，也可能是對金錢缺乏了解，導致身不由己地受其影響。了解自己與金錢的關係，將有助於在這場與財富的戰爭中取勝。為了不被金錢支配，在理解金錢的同時，也要審視自己。

一樣米養百樣人，人們對金錢的看法也天差地別。有些人願意花大錢買品質好又罕見的物品，有些人則更注重數量，寧願買大量但品質稍遜的物品。這種金錢觀也會衍生出不同的消費習慣，追求品質的人會花時間去比較不同品牌，尋找適合自己的選擇；而追求數量的人則更看重節省時間，願意選擇耐用度與設計較一般的產品。每個人對金錢的看法並沒有絕對的答案，但優先考慮哪種價值，會影響你的理財方式，因此至少要了解自己的傾向，才能有效管理金錢。

要如何了解自己的金錢觀呢？最可靠的方法是諮詢專業人士，但這可能需要支付費用。幸好，現在也可以上網進行簡單的金錢心理測試，假如你還不清楚自己的消費傾向，我建議你試試看。再次強調，會對金錢感到茫然是因為不了解金錢。為了避免被資本追趕，你需要主動去追逐金錢。光有心意卻不付諸實踐是不可能成功的。必須要先檢視手上有哪些武器，了解這些武器的特性。

用財務狀況表了解自己

會計會根據特定規則檢查資產狀況，讓我們能清楚了解自己的資產與資產的性質。把所有資產資訊濃縮在一頁紙上的文件就是「財務狀況表」。但我又不經營公司，也無需向相關機關提交，有必要做財務狀況表嗎？是的，有必要。

決定不婚的我們就像經營一家個人公司，公司的存亡取決於管理者的價值觀，如何看待自己的財務狀況也會影響我們的資產狀況。財務狀況表是顯示資產狀況的報表，就像養成寫家庭帳簿的習慣能讓我們掌握下個月的預算一樣。正確分析自己的資產狀況並管理資產，是不婚主義者的有力武器。

每個人都需要定期製作「不婚財務狀況表」。我珍貴的錢在哪裡，有多少，知道大概與看見具體數字有著天壤之別。從名字聽起來就很複雜的財務狀況表，真的做得出來嗎？別擔心。任何了解基本會計原理的人都能輕鬆製作。請準備好紙筆，一起製作「不婚財務狀況表」吧。

以下說明僅憑文字會有些難懂，建議參考下頁圖的範例。在這份表格中，左側是收入或手邊資產，也就是能帶來經濟效益的項目。可以先簡單從存摺上的數字或住宅認購存摺的數字開始，然後記下房地產、黃金、保險等大項目的資產。為了避免遺漏重要資訊，請按順序仔細填寫每項資產的

不婚財務狀況表

2020 年 1 月～ 2020 年 6 月

製作者：金不婚

資產		**債務**	
流動資產		**流動債務**	
緊急資金	200 萬元	向朋友借的錢	10 萬元
生活費存摺	30 萬元	預支現金	10 萬元
住宅認購存摺	150 萬元		
零存整付存摺	700 萬元		
非流動資產		**非流動債務**	
傳貰保證金	1 億 2 千萬元	傳貰金貸款	9 千萬元
汽車	1500 萬元	保險（剩 10 年）	10 萬元 X120
保險期滿金額	3 千萬元		
年金	1 千萬元		
股票帳戶	40 萬元		
基金	60 萬元		
合計資產	**1 億 8680 元**	**合計債務**	**1 億 220 萬元**
			總資產 8460 萬元

- 汽車價值剩不到原始價值的一半，好好修理，繼續騎下去。
- 比去年下半年多存了 50 萬元，鼓掌讚美我自己，啪啪！
- 反省一下預支現金。
- 貸款 1 年後到期要延長，要寫在日曆上以免忘記！

數值。

在現階段的一年內，你要把可支配的金錢和無法動用的錢做好分類，這在會計上被稱為流動資產和非流動資產。流動資產是指那些在一年內能直接使用的資金，包括應急儲備、定期存款和定期定額存款等。這些資金在發生意外或需要大筆金錢時是可優先考慮動用的。因為無法預測何時需要動用應急資金。建議最好維持在月薪的三倍左右，並且因應未來的養老計畫，逐漸增加這筆資金。定期存款和定期定額存款就像私房錢一樣，讓人安心。但要注意這些存款到期時，可能會出現衝動性消費行為。如果你已經寫下所有的流動資產，接著請在下面寫下至少一年內不會動用的錢。

非流動性資產包含了房地產、保險、股票、基金和年金等。儘管房地產、保險和國民年金需要相當長的時間才能兌現，但為什麼股票和基金等投資資產也歸屬於非流動性呢？儘管股票可能在一天內獲得巨大收益，但大部分的投資都是長期的，並非立即可用，因此適合歸入非流動性資產。汽車也一樣，雖然使用時間很長，但繳款後無法立即取回，也應考慮記錄當前價值。年金則是指包括國民年金、退休金和信託等在老年時能定期獲得的金額。

若你已經在紙的左側填寫了各種資產，再接著填寫右側。右側列出需要支付或還清的錢，也就是有經濟義務要還款的項目。請根據個人情況寫下債務項目，包括小額借貸、房貸和車貸等。

債務和資產一樣，都按照一年進行畫分，分成一年內要還清的錢和無法在一年內還清的錢。首先，一年內無法還清的錢指的是還款期間較長的非流動性負債，包括金額較大的房貸或車貸等。製作財務狀況表可以定期查看還剩多少貸款，目前為止還了多少。

為了有效管理資產，通常會有一兩項非流動性債務，但未必會有流動性債務。流動性債務是指在一年內必須還清的，如預支現金、貸款和私人放債等。流動性債務的利息可能相當高，需要特別注意。目前臺灣的銀行預借現金年利率為六到十五%，貸款利率為七到十五%，而私人放債的法定最高利率為十六%。如果你因「能快速輕鬆獲得資金」或者「反正是小額借貸」而貸款，從而產生流動性債務，必須要深刻反省。

恭喜你填滿了這張紙，不婚財務狀況表快完成了！最後要比較不婚財務狀況表的兩邊。當然，光是知道自己有多少資產與負債時就已經很有意義。不過既然辛苦填完這張表，不能不分析一下。材料已經備齊，讓我們準備做料理吧！

請看一下左側項目總資產額與右側項目總負債額。假設你的總資產額是一億韓元（約兩百四十萬臺幣），其中可能有八千萬韓元（約一百九十四萬臺幣）是銀行貸款，那麼你真正擁有的錢就是兩千萬韓元（約四十八萬臺幣），這稱為資本或淨資產。資本意味著完全屬於你的錢，因此人們才會說資本必須要雄厚。只要定期製作財務狀況表，查看你的資本是否大幅增加或減少，就能比普通的家計簿更有效地管理財務。

讓我們接著觀察資產與債務。縱使你的財產看似豐厚，但若保險額多而存款少，財務狀況實際上是亮紅燈的。此外，建議盡可能只向同一個地方貸款。雖然實際上很難做到零負債，但假如貸款來源超過三個金融機構，例如銀行、信用卡公司等，就會被歸類為多重債務者，將不利於個人信用與貸款利率，需多加注意。

相反地，我建議資產要分散管理。哪怕是相同金額的存款，根據存款商品的不同，利率也會有兩到三％的差異。請根據個人的喜好設計投資商品。若只是道聽塗說或聽信朋友，買了不符合自身喜好的投資商品，反而會感到壓力，失去理財興趣。

了解自己財務狀況和不了解的人，就像站在兩條不同的起跑線上。因此，定期製作「不婚財務狀況表」是非常重要的，這能讓你堅持走完理財的路程。

稅金讓人頭痛，不懂卻萬萬不可

首先，恭喜你順利完成不婚財務狀況表。雖然我們不太喜歡和文件打交道，但生活中不可避免地需要面對財務和體力的挑戰。升級後，你要面對的下一個挑戰是收據。了解資產狀況固然重要，但也需要了解自己的花費方式。

你知道自己最近一年花了多少錢嗎？別說過去一年，大多數人連上個月的消費都記不清楚。我們可能知道房租、水電費、電信費等每個月的固定支出，但除此之外，我們對於一個月內花多少計程車費或衝動消費的金額並不清楚。這說明了我們對消費的忽視。就像一個有破洞的水缸，怎麼倒水都不會滿。幸好，現在世界進步了，稍微找一下就能找到修補破洞的方法。管理固定支出和變動支出的ＡＰＰ越來越多，且有專家提供很多管理消費的建議。為了過聰明的不婚生活，我們應該翻越另一座山，那就是一直覺得很難、乾脆視而不見的稅金。

稅金有去有回

我們每天都在呼吸，卻不會特別意識到。稅金也是如此，我們每天的消費都與稅金息息相關。就像冥想和正念時調整呼吸非常重要一樣，管理消費和儲蓄時，稅金也占了一席之地。每個人都知道稅金的重要性，也都想學習，但面對複雜困難的會計用語，總是先入為主地認為很難，大多數人會頭痛地闔上書。其實稅金只要你了解多少就能得到多少，讓我們循序漸進地拼起這複雜的拼圖吧[11]。

臺灣的稅制主要分為國稅與地方稅，總計約十八種，其中國稅有十一種，地方稅有七種，包括大家熟知的關稅、所得稅與房屋稅等，根據不同目的適用不同標準。這裡提及的稅金項目有限，若有需求可去搜尋相關資料。國家稅與地方稅的差異在於管理稅收的機關。國家稅由中央政府管理，繳付國家稅時要去國稅局；地方稅則由相關地方政府管理，繳付地方稅時要去地方稅捐稽徵處。

接下來是一些容易混淆的單詞。基本上，稅金是課稅標準乘以稅率的金額。課稅標準是指成為標準的金錢或數量，稅率則是稅額與課稅對象之間的比例關係，又分成比例稅率與累進稅率。比例稅率就像在超商買東西時，我們一定會繳五％的消費稅一樣；累進稅率則像繳電費，根據花費電力的多寡適用不同稅率。總之，稅金是我們的消費額乘以一定比例的金額。

人生中最重要的稅收，就是上班族領取薪水時預扣的所得稅。所謂預扣是指公司在發放薪水時先扣除應繳的稅款，再將剩餘的薪水支付給我們。此外還有日常需要支付的各種附加稅，以及不同收入來源相關的綜合所得稅等。納的稅高是因為收入較高，也不用感到不開心。

另外，還有與稅金密切相關的年度所得稅申報。每個上班族都很熟悉，這是指將一整年預扣的所得稅與實際應納稅金進行比較，若不足則需補繳稅款；如果多扣了就會退稅。

好消息是，勞動者現在已經不用再為年終結算去計算複雜的稅率，也不用提交繁瑣的納稅資料。只要在「財政部電子申報繳稅服務網」就可以預覽報稅資料，系統已經將你的報稅資料整理完成，只要確認是否有需要增補的項目，就可以快速又簡單地處理繳稅事宜。

年終結算分為所得稅減免與稅額減免兩種方式。所得稅減免是根據你的「個人收入額」計算，再套用適用稅率，減少你需要繳納的稅金；而稅額減免是直接減免已計算出的稅額，是根據你的總所得額中算出的稅金。在年終結算時，首先查看標準金額，然後計算稅額。換句話說，所得稅減免在套用課稅標準之前進行，因此對高收入族群有利；相反地，稅額減免是減免已計算好的稅額，對低收入族群有利。建議你根據個人情況，了解哪一種減免方式對你有利。

能有稅金減免的方式，當然不能錯過。舉例來說，如果你是租房，可以享有租金減稅優惠，主

---

11 編按：由於本書原為韓文書籍，以下稅務相關內容，將改以臺灣現況說明。

要有三種方式。首先，租金列舉扣除額適用於租屋自住者，每年最高可扣除十二萬元，但需確保房東依法申報租金收入，並提供租賃契約與收據。其次，若個人綜合所得總額低於一百一十二萬元，可選擇租金特別扣除額，每年最高可扣除十八萬元，比列舉扣除更優惠，且可與標準扣除額、薪資扣除額併用，進一步降低稅負。此外，政府也提供青年租金補貼，每月補助兩千到八千元，年滿十八歲至四十歲、家庭所得符合標準者皆可申請，且可與租金扣除額同時使用。整體而言，透過適當的租金扣除或補貼，租屋族能有效減輕租金負擔，建議報稅時備妥租約與收據，以獲得最大減稅效益。

臺灣的年終報稅制度與韓國類似，都是在次年進行綜合所得稅申報，計算全年應繳稅額與已預扣稅額的差額，決定是否需補稅或退稅。在臺灣，公司每月發薪時會預扣所得稅，若全年預扣的金額低於應繳稅額，納稅人就需要補繳差額，例如有兼職收入、獎金或投資收益，或者可扣除的免稅額較少時，都可能導致補稅。相反地，若公司預扣稅額過多，或個人有大量可扣抵的項目，如租金、醫療支出、捐款等，則可能在年終時獲得退稅。然而與韓國不同的是，臺灣的退稅與個人消費習慣無直接關聯，韓國的稅制則鼓勵刷卡消費，提高經濟流動性，使消費較多者通常能獲得較高的退稅額。因此在臺灣，退稅金額主要取決於薪資結構與稅務扣除，而不代表個人消費多寡或財務狀況穩定與否。

學會投資理財，打造第二收入

在這個物質至上的社會，金錢的重要性不言而喻。對想存錢的人來說，他們努力讓錢發揮更多價值，賺取更多利益。現在，讓我們來探討不婚人士在這個充滿挑戰的社會中必備的一項技能——理財！這將讓我們深入瞭解金融利益的種種面向。

一般人認為只有存進存款的錢才算是正常的金融收入。回顧過去的亞洲金融風暴，當時韓國的銀行利率飆升至二十%，只要把錢存入銀行帳戶，下一秒就能賺取大筆利息。但現在想要光靠普通儲蓄和定期存款，很難獲得可觀收益。

一般上班族的年收入有限，存款也不多，要用儲蓄利息賺取高額回報幾乎是不可能的。銀行儲蓄利率已降至約一%左右，而定期存款利率約在兩%左右。相反地，物價卻持續上漲，十年前一萬韓元（約兩百四十元臺幣）就足夠和朋友看場電影、吃頓簡單的午餐，現在可能連一張電影票都買不起。

物價上漲使得貨幣價值發生變化，銀行亦然，即使幸運選擇了高利率的定期存款，若物價上漲率超過利率，也是徒勞無功。我們必須考慮金融商品的實際利率，包括金融機構的費用比例和當年的物價上漲率，這才是「實質利率」。遺憾的是，韓國目前的實質利率已經成為負值。

單純依賴銀行儲蓄和定期存款，很難期待有實質收入，因此我們更需要懂得理財。有錢人不會只靠單一收入，而是擁有多個賺錢管道。除了公司的薪水，也可能會以房東身份賺取租金、進行股票交易等。但許多人仍然相信只要按比例儲蓄每個月的薪水就夠了，因為對開發其他收入管道感到「困難」或「不可信任」而猶豫不決。

只依賴死薪水是很難保障我們擁有充裕資產的，必須從現在開始為未來應對大事或老年無法工作做好準備。縱使你覺得現在開始準備會不會太晚，也無需灰心，只要開始準備就還是比別人快得多。而且不婚主義者只需為自己的晚年作準備就好，多棒啊！

用「風車轉」分散風險

確保穩定的收入來源有兩種方式，一是儲蓄，一是投資。儲蓄就像大家都知道的，辦理銀行存款或購買零存整付等理財商品，讓資產有所增值。或許一般儲蓄商品回報並不會太高，但若能善加運用，至少知道存入多少就能拿回多少。

而投資指的是購買他人資產，如企業股票。假使你對資產累積有明確的方法，並已經擁有培養資產的價值觀，那我建議你可以立即嘗試投資。若你對如何管理資金還不確定，我建議你先從儲蓄開始增加對財務的了解。唯有先建立良好的理財價值觀，才能將投資的風險減至最低。那些分析富人心態的書籍之所以成為書店暢銷書，絕非偶然。

對剛開始接觸理財或還沒有足夠投資資金的人來說，可以先記住「風車轉」的概念，也就是一年內每個月都購買儲蓄項目，這是能讓還未準備好投資本金的人能快速存到小額資金的方法。你可以購買一年期的儲蓄或零存整付商品，每個月存錢。這對收入不穩定的自由工作者或學生來說是一種快速累積資產的方式。而當你需要緊急用錢時，也能盡可能減少解約零存整付的金額。

以零存整付為例，第一個月，你加入一個一年期的十萬韓元（約兩千四百元臺幣）零存整付商品；第二個月，再存入十萬韓元（約兩千四百元臺幣），並且再加入另一個同樣是一年期的十萬元（約兩千四百元臺幣）零存整付商品。這樣持續一年，到了第十三個月時，就可以領取零存整付的金額。因為第一個月加入的零存整付商品已經到了約定的期限，就能領取一百二十萬韓元（約兩萬九千元臺幣）。這樣的方式讓你能穩健地累積資金。現在，你只需要運用這筆錢去支付剩下的零存整付本金。

儲蓄的方法其實並不像你想像得困難。近來缺乏高利率的商品，因此靠利息很難賺到錢，但對初次養成理財習慣來說，這是最佳的方法。與其關注利率，更該將目標放在培養儲蓄習慣上。我們每天都很忙碌，但當零存整付商品到期、銀行帳戶存入一百萬韓元（約兩萬四千元臺幣）以上的通知響起，絕對能成為疲憊日常的小小鼓勵。

如果你認真地實行「風車轉」，縱使利息收入不如預期，仍能存下不錯的金額。請善用那筆錢。在零存整付到期前，為了積攢大筆資金已經調整了消費習慣，現在應該將目光轉向外部，進行正確投資。你需要開始關注經濟新聞，了解國際形勢，幫助你做出明智的投資，也能使你成為經濟實力堅實的人。

我們的錢非常珍貴，不應隨意投資給不知名的企業，至少要培養出辨識力，辨別哪些企業在該領域是強勢者，哪些領域不宜涉足。假使對投資感到茫然，只要稍作尋找，就能發現有許多優秀的聚會，也可以與其他不婚人士一起積累知識。現代社會是資訊社會，因此再忙碌，也必須培養挖掘資訊的競爭力。

一談到投資，我們最先想到的是股票或基金，但光是股票和基金就有數十萬種選擇！點一下這個商品，再點一下那個商品，將選衣煩惱轉換為投資挑戰，可能比想像中更令人振奮。假如你找到一間自己喜愛的貓咪手工零食公司，該公司必須購買各種材料才能製作美味零食，而高品質的材料價格昂貴，因此公司為了開發出優質商品需要大量資金。公司會向投資者提供投資金融權益的證明，也就是股票。貓咪零食公司的大股東能提出建議，選擇採購貓咪喜愛的材料。同樣地，我們購買某家公司的股票就能參與該公司的決策，這也是每家公司會在每年初召開股東大會的原因。

企業必須定期邀請公司股票的持有者，即股東，交換公司經營意見。普通投資者的投資額或許不足以參加股東大會，但就算只買一股，你仍擁有該公司的一席之地，能參與該公司的經營。這樣一來，你購買某家公司的股票，就能直接影響該公司的經營。如果該公司盈利，你就能得到利潤；反之，如果該公司虧損，你手中的股票就會貶值。股票的漲跌取決於資訊的掌握。電影中出現「就算欠債也一定要買某公司股票」的情節，其實源自現實。但假如你不了解某家公司，僅因表面看起來不錯就投資，那麼當公司倒閉時，也將無人能為你的損失負責。

假使你不了解哪些公司是好公司、好股票，另一種方法就是將錢委託給眼光精準的人，就像旅行時會把錢交給擅長算帳的朋友一樣。買股票時也有幫忙收錢進行投資的人，他們被稱為「基金經理人」。基金是向眾多投資者籌集資金後進行投資，根據投資基金金額比例分配利益的金融商品。相較於直接投資股票，基金是一種間接投資商品，相對風險較低，但缺點是需要支付多重手續費。基金的另一個特點是，基金經理人所選擇的投資商品將直接影響基金的盈虧，就像和好友一起旅行一樣，我們相信當會計的朋友會好好算帳，如果他卻意外地揮霍，就可能會大吵一架。

還有許多不同的投資方法可供選擇，比如結合基金和股票的ETF、每天發息的CMA等。無論如何，理財最重要的是持之以恆，選擇適合自己的投資方式和時機是成功的關鍵。在適當的投資機會到來之前，要不斷提升自己的投資知識和實力，這樣機會來了才能抓住它。起初，分析投資商品和比較不同公司可能會覺得很陌生又困難，但你會漸漸適應、上手。

投資並非追逐金錢，而是讓錢為你所用。不要依賴單一收入來源，開創多元收入來源也十分重要，在如今人人百歲的時代也是趨勢。想像一下身邊有支援你不婚生活的援軍，就會讓你感到更踏實。讓我們一起想像著健康、悠閒的不婚生活，努力朝這個目標前進吧！

養兒防老？買份保險更實在

「你有買保險嗎？」

當被問到這個問題時，我馬上掏出我的保單。裡面包含了健康保險、實支實付保險、壽險、產物保險公司提供的損失險、還有養老險等。這些保單都是為了確保我支付適當的費用，並得到適當的保障而設計的。

在韓國社會中，保險不僅是一種「商品」，它經常與「給予」、「幫助」等詞彙聯繫在一起。這是因為產物保險公司在一九六〇年代以物產險起家，而壽險公司在一九七〇年代取得驚人成長。因此，每當人們想要購買保險時，常常擔心是否會受騙，或不想因為未知的風險而支付保費。大眾總是認為「儲蓄是安全的，保險是詐騙」，真是如此嗎？

養老險和儲蓄險的目的都是為了創造資產，但零存整付可能是更好的金融商品。零存整付是分期繳納一定金額，未來可以領取目標金額與利息的金融商品。每個人都可以自由設定零存整付的目標。舉個例子，現在你的零存整付目標是為了應對未來可能的醫療開支。生活中難免會遇到突發疾病或不幸，所以每個月存入適當的金額，假使到零存整付期滿時你依然健康無恙，就可以把那筆錢轉為存款。對單身的我們來說，特別需要關注生活的安全和健康。如果時刻生活在不確定何時會生病的恐懼中，還要擔心應對突發狀況所需的費用，生活會變得不穩定。

保險和零存整付類似，每個月繳納一定的金額（雖然根據你購買的是平準型定期險或遞增型保險，決定每月繳納的保費是否以年為單位遞增，但在一定期間內繳納一定金額的保險基本屬性是不變的）。在投保期間，假若你意外得病或發生意外事件，保險公司會支付保單中承諾的醫療費、診斷費和附加費用。每個保險商品的細節有所不同，但保險的基本屬性都如此。若你有一份合適的保險商品，能根據各種情況保障你的安全，又能減輕你一次性支付大筆金錢的壓力，你就能過上安穩的生活。

我該買什麼保險？

儘管目前國民健康保險制度已經相當完善，但人們還是認為「至少要擁有一份私人保單」。保險種類繁多，對初次接觸保險的人來說，通常會選擇實支實付醫療險與終身險結合的商品，或是實支實付醫療險和癌症險相結合的商品。即使對保險一無所知的人，也會希望擁有一份「實支實付醫療險」。

可是，假若你想透過保險公司或業務員購買實支實付保險，他們可能會提出意料之外的高額保費，並附帶一堆條件。仔細觀察保單的其他條款，會發現其中包含終身險（保險金只有在投保人死後才能領取，投保者本人用不到）與癌症險（CI代表「重大癌症」，GI代表「癌症」，雖然保單細節有所不同，但大致上當因「重大癌症」而領取保險金時，這筆錢並非給自己，而是給「照顧自己並處理各種事務的人」用的）。

首先，必須了解「實支實付醫療險」是什麼，才能找到問題的答案。實支實付醫療險就是保障我們實際使用的醫療費用的保險。通常只需簡單的申請流程，就能得到一萬韓元（約兩百四十元臺幣）以上的醫療費用理賠。這聽起來對投保人來說非常有利，因此消費者常想單獨購買這種保險是可以理解的。可是，保險公司是一家「公司」，不會願意自己虧損。實支實付醫療險讓投保人能對基本醫療費用提出理賠要求，所以投保人的理賠頻率必然高於重大疾病發生率相對較低的情況。換言之，投保人領回的理賠金會比每月繳納的保費還要多。可是，保險公司不會想虧損經營，因此他們不單獨推出「實支實付醫療險」，而是將其與其他利潤較高的商品結合，推出新的保險商品，如我們所熟悉的「癌症險」。幸運的是，根據保險法的修訂，韓國與臺灣目前皆不允許混銷「實支實付醫療險」和其他商品。不過，每家保險公司仍有特定的資格條件，可能拒絕年齡較高或有患病病史的人投保「實支實付醫療險」。儘管如此，對於消費者來說，「實支實付醫療險」依然是非常實貴的保險選擇。

既然如此，哪家保險公司的保險才算是「好保險」呢？保險和其他實體商品不太一樣，新出現的保險商品很少對消費者特別有利。拿電腦商品來比較一下吧。你急需一臺新電腦，但市面上傳言很快就會有性能更好或價格更優惠的產品上市，讓你猶豫不決。保險商品也會不斷改進，無論是保費更便宜還是承保範圍更廣，更有利於消費者的「優質」保險商品，對保險公司來說會增加風險。因此，投保條件可能會變得更苛刻，或者相同的承保範圍保費可能會提高。因此，「好」的保險定義因人而異，無法確定去年銷售的保險商品是否比今年更有利。所以，如果你想購買保險，我建議現在就列出各種保險商品，挑選適合你的。

我們可以加入的保險大致分為壽險與產物險。壽險主要提供與生命直接相關的事故或疾病的理賠；而產物險則保障生活中頻率較高的事故或疾病的理賠。每家保險公司通常旗下同時有壽險子公司與產物險子公司，也有專門經營某種商品的公司。兩種保險各有優缺點。壽險公司主要針對投保人發生「重大」問題時進行理賠，因此理賠金額較高，每月保費也較貴，但一旦生活發生重大變故時，能提供穩固的保障。從字面上看，壽險的英文是life insurance，也就是為了保障人的「生活」（life）可能遇到的問題而加入的保險。

產物險公司則承諾在生活出現「不便情況」時提供援助。不是每種疾病或事故都與生命安危相關。例如，如果你因病或事故住院康復，行動可能受限，為了幫助那時候的你，必須慎重選擇承保範圍更周全的商品。相比於與生命安危直接相關的壽險，產物險的理賠機率更高，因此保險公司不得不提高投保金額，保障金額與投保人的每月保費之間不會有明顯差異。物產險大多不是財產型商品，每月保費是為了保障當事人。因此建議不只加入一種保險，而是同時擁有壽險與產物險，假如還能有實支實付醫療險，更是錦上添花。

有些人只有實支實付醫療險，大部分人都抱著「只要我付了保費能得到理賠就好」的想法。透過醫院的幫助，他們能申請到實際支出費用相同的理賠金。若你正在如此，必須要確認一件事。保險公司有不擔保制度，這意味著當某種疾病相關項目出現問題時，保險公司可以拒絕承保，將其列為加保條件。在你還沒有安排好所有保險之前，如果對某一疾病提出過多的實支實付理賠要求，你真正需要投保的部分有可能會被不予保障。當然，假如你餘生不打算購買其他保險，認為有實支實付保險已足夠，那就沒有任何問題。但要是你正在全面檢視人生中可能發生的問題並考慮投保其他保險，那就一定要仔細核實保險條款。

好的，我們差不多了解了保險，那要如何投保呢？當提到保險公司時，我們會想到、〇〇人壽、〇〇火災險、〇〇產險等販賣各種保險商品的大型保險公司。這些保險公司的員工通常只能向消費者推薦或販賣自家公司的保險商品。此外，還有保險經紀與保險公司代理人。這種中介公司旗下的員工可以販賣與自家中介公司簽約的壽險、產物險公司的多元化商品。

保險是一種商品。因此銷售「保險」商品的保險員負責推銷這些「商品」，並從中收取「銷售手續費」。我們在書店買書或在服裝店買衣服時，並不會要求店家有多高的道德標準或問店家從中獲利的原因。相反地，在購買之前，我們會仔細考慮自己是否需要該商品，該商品的價格是否合理，再付錢購買。可是，人們在考慮加入保險時，常常會覺得銷售保險給他們的保險員提供的資訊對自己不利，或者懷疑保險員以不正當的方式獲取利益。

請冷靜思考看看，現在在你面前推銷保險商品的人，也只是領薪水、認真工作的人。保險業務員的薪水通常由保戶簽約時收取的手續費，以及保戶投保期間頭兩年收取的維持手續費組成。因此，我建議保險員要盡可能明確、詳細地傳達商品資訊，讓投保人選擇適合自己情況的商品。這樣一來，投保人會更有信心地維持保單，並享受保單帶來的好處。對於那些充滿漏洞或過於複雜的資訊，我們往往會保持距離，並在投保前、投保後反覆思考「我要維持這份保單嗎？」對商品越是無知，就越容易不安。反之，越了解保險商品，越能作出明智的決定。

如果你選擇了不婚生活，我希望你能透過這些基本保險獲得適當幫助，在漫長的人生旅程中，維持安定的生活。

了解房地產，自住投資都更有利

擁有私人空間能為生活帶來穩定感，但在韓國，要有一個屬於自己的個人空間並不容易。無論是獨自居住或共享空間，只要有一個能自由進出、休息的所在，不僅能提高生活品質，也會帶來合理的房租收入或其他利益。

不婚主義者會選擇什麼樣的房子呢？許多不婚者初期購房時會選擇六到九坪大小的套房。之後隨著生活模式確立，就會更偏好十五到十八坪的空間。擁有一間臥室、一個能展現生活風格的房間、一個客廳、廚房和洗手間等齊全功能的獨立空間，能讓不婚者享受充實且不受限的單身生活。

當然，不婚並不意味著一定要獨居。很多不婚者也希望能在三房或四房的大房子裡生活，所以越來越多人選擇共享住宅（share house），他們也對這種生活型態非常滿意。通常共享住宅是把不同的單身者聚集在一起，但現在共享住宅的意義已逐漸擴大，不婚者也非常關心能否一起節省金錢、分享興趣。像是一起養寵物，可以解決一個人因金錢和時間等考量而難以養寵物的問題；共享住宅也能有足夠空間進行皮革、木材等手工藝愛好，或經營家庭式咖啡廳、家庭電影院等。

人需要一個能保障人身安全的定居空間，從這種角度來看，我們離房地產投資並不遙遠。說到「房地產」，你可能會聯想到「高價」、「困難」、「大樓」、「富人」、「高房價」、「只漲不跌」等形容詞。看起來「房地產投資」是個好辦法，但同時也讓人有買不起房的負面看法。

房地產主要分為居住和投資。提到自住，大多數人會先想到買房；而投資則包括投資土地或建物，以獲取回報。在「錢多事少」成為時下流行用語的今天，能輕鬆賺錢的房地產投資依然受到大家關注。但若缺乏基本知識、投資資訊，更重要的是沒有足夠資本，就只能懊悔地想：「早知道就投資房地產了……」

無論哪種理財都是如此，在沒有房地產投資相關知識的情況下進行投資，風險太大。此外，若一開始只抱著賺快錢的念頭，失敗時也不去了解原因，只會沮喪地說「我果然不行」。就算您曾經幸運地成功了，也無法保證幸運之神下次仍會眷顧。因此，必須更了解房地產投資的相關知識。

越來越多人加入房地產投資的行列，隨便搜尋都就能找到各種社群或論壇，還有傳授高級資訊的課程。這些課程的講師充滿熱情地分享自己在房地產「戰場」上的經驗和知識，都非常受歡迎。人們為了發大財不惜花錢學習，課程費用不一，受歡迎的課程甚至要價數十到數百萬元。但作為對房地產一無所知的新手，花了大筆學費後，真能如預期般收穫豐富嗎？

假若有夥伴能一起討論各種資訊，那會相對較好，但若盲目跳進資訊大海，往往難以達到預期效果。我建議在踏入全新的房地產冒險前，可以先和對房地產有興趣的朋友一起討論、學習。初次接觸時，會遇到許多不太清楚意義的專業術語，也要了解各種文件，如不動產登記謄本、建築物謄本等，以及房屋貸款的相關知識。只有擺脫對貸款的負面認知，減少心理障礙，我們這種個人投資者才能在房地產投資中取得成功。

就像仲介費一樣，即使我不進行房地產投資，也要知道有這種費用，才能建立良好的支出概念。除了大家熟悉的月租、轉租等契約，還有房東租賃所得稅、《租賃住宅市場發展及管理條例》等房地產相關法律也很重要。如果你投資不僅是為了自住，就要考慮是要賺價差還是賺房租。也必須先了解房貸成數（Loan-To-Value ratio，LTV）、總負債收入比（Debt-To-Income ratio，DTI）、本息償還對收入比（Debt-Service-Ratio，DSR）等概念。

同時，也要了解在房地產投資過程中可能產生的財產交易所得稅、土地增值稅、房屋稅、地價稅、遺產稅、贈與稅等稅務相關知識。房地產投資並不僅指住宅，還包括投資型商圈和土地，這些也可能帶來可觀收益。若有興趣，也應該培養商圈分析的能力，辨別符合特定用途的房地產周邊條件。建議學習有關投資地點的相關用語，例如鄰近商圈、商圈住宅和主題商圈等。其實房地產投資概念其實並不複雜，但很容易被忽視，而且如果不夠了解，就會影響到你的投資決策。

相對於宏觀的投資，對正在尋找自住空間的人來說，可能覺得上述那些有點遙不可及。但我們可以藉此培養出投資眼光。無論投資或自住，買賣房屋時要考慮的標準有所不同。假使是買賣，物件的交通便利性固然重要，但也要留意日後的增值潛力和周邊環境的基礎設施等，所以需留心商圈開發或社區增值的主要指標。

若是自住，則該考量通勤距離、交通路線，以及主要交通工具的便利性等。若你的目的是獨立居住，而不是買賣投資，那最好先考慮增加的居住成本和減少的交通費用。將現在的交通成本加到獨立居住的成本中是非常低效的。在購屋前，盡量避免選擇會讓你存不到錢的高租金物件。臺灣也有青年安心成家貸款，貸款額度最高為一千萬台幣，利率目前約一．七七五到二%，低於一般房貸利率。各銀行也會推出首購族優惠房貸，一般可貸到七到八成，最高約一千兩百萬台幣。貸款利率依市場變動，約一．八到二．五%。

若你不得不租房子，也不必太沮喪。在不清楚目標的情況下盲目前進也會造成問題，但只要有明確的目標，儘管還需要時間，最終還是能夠達成的。對於手頭資金不多，只能選擇租房的年輕人，可利用內政部提供的「青年租金補貼」，只要年滿十八歲、符合條件，每月可以有兩千到八千元的補助，最長補助四年。我希望每位不婚人士都能盡量了解各種資訊，不要因為不了解而錯失受益機會。

當你確定了資金管道，就開始去看房吧！房子的優劣條件沒有絕對的標準，因為每個人的需求都不同。有些人不能忍受沒有窗戶的浴室，有些人則不能忍受沒有陽光的房間。在買房自住前，先確認自己的預算和標準後再去看房，把重點放在那些能滿足你條件的物件，並觀察它們有沒有你無法忍受的缺點。

當物件大致滿足你的設定條件，一定要親自去看房。可以先逛一下各家的房地產ＡＰＰ，觀察各區房價行情，並實地去走一走周遭的環境，看看是否有更好的物件。像這樣逐步培養看房的眼光，熟悉房地產市場，那麼總有一天，你也能透過房地產投資，進行有意義的理財。

有室友也沒室友，不婚者的共同生活

不婚生活有許多形態，比我們想得更多元。除了廣為人知的一人獨居；還有和好朋友同住的室友生活；或是一起購屋、分享日常生活的共居形式。由於共居生活涉及財產共有，在現實中門檻較高，但如果能遇到志同道合的人，這種生活方式有很多優點。除此之外，也可以兩、三個人住在同一個社區、成為互向照應的鄰居的方式。

無論是社會新鮮人或上班族，都會優先考慮居住環境，像是離公司近、交通便利和周遭設施豐富等。但經濟基礎較薄弱的二十到三十代的不婚主義者，很難建立良好的居住環境，只能居住在擁擠的空間，不得不經常搬家，因此很難找到合適的室友，更難形成固定的社區型態。但沒有人希望到了六十、七十歲，仍處於不穩定的居住環境。生活型態會隨著年齡改變而轉變。因此，縱使你現在因為各種原因不得不順應現實，也需要不斷想像自己十年後、二十年後的理想居住環境。其實不僅是不婚主義者，應該幾乎每個人都有買房的夢想。然而隨著房價持續上漲，僅靠工作收入很難實現購屋計畫。

全球的居住成本不斷攀升，越來越多人選擇獨居，為了因應這個趨勢，出現許多共居模式，例如合作住宅（cohousing）、共享住宅等。在深入了解合作住宅和共享住宅前，可以先思考一下：你是想獨自居住，還是希望有夥伴一起生活呢？

獨自生活的好處，首先是「自由」。這是無法取代的，你擁有自己的時間和空間，不受任何人侵犯。可是獨自生活也有一些缺點，像是經濟壓力和女性的安全隱憂。這會衍生所謂的「安全費用」，例如住高樓層、增加窗戶和門的安全設備、安裝監視器等。但如果與不婚夥伴一起生活，不但能省下些許房租和生活費，也能減少額外的安全費用。但與他人一起生活難免會有需要磨合的問題，生活會減少一些自由度，也可能擔心一不小心就破壞友誼。正因為有這些缺點，許多人寧願忍受金錢壓力和安全焦慮，選擇獨自生活。

假如你對上述兩種優缺點一目了然的型態正舉棋不定，也不妨看下面幾種生活方式。

合作住宅（cohousing）

這是為了保障個人的生活空間和共同生活利益而設計的居住型態。居民既能確保個人隱私，又能透過合作居住獲得社會、經濟和實質利益。

這種特別的居住方式遵循了六大原則：住戶參與、促進社區意識、獨居與公共設施的相輔相成、住戶的主動管理、平等結構和收入來源的獨立。其中最重要的特點，就是住戶積極參與社區生活。

合作住宅源自瑞典，後來在丹麥演變成現代合作住宅，並逐漸傳入北歐、美國和日本，成為新興居住方式。舉韓國為例，雖然韓國的公共生活設施尚未完善，但共同生活的合作住宅逐漸增多，人們會選擇和興趣相投的人共同居住。

合作住宅的最大好處在於共享生活設施，但韓國設施完善的地區房價普遍較高，因此常見的是在普通大樓或獨棟住宅中，住戶共用客廳、浴室和廚房等。這種方式能節省相對面積的居住費用，但無法提高實際生活品質。合作住宅的先決條件是在保障個人隱私的同時，實踐共同生活。不過住在大樓或獨棟住宅的個人空間裡，和住在套房差不多。公共浴室或廚房使用不便，使很多人對合作住宅產生猶疑。儘管整體空間增加，但可自由使用的空間有限，使得合作住宅的受歡迎程度下降。

還有另一種類型的合作住宅，是以獨立別墅的形式組成社區聚落，住戶可以共同使用研討室和健身設施等。不過可惜的是，這種合作住宅更適合多人家庭，而不是單身居住者。在國外，涵蓋各年齡層的合作住宅受到關注，但在韓國由於社會和文化特點，年齡成為表達改進意見和參與活動的一個考量因素。此外，女性也較不願意入住性別混合的合作住宅，因為擔心可能產生安全或家務分工不公平等問題。

共享住宅

共享住宅是兩人或更多人共分一個住宅的居住型態。通常每位住戶都會擁有自己的房間，其他空間則是公共的。這種居住方式對資金有限的社會新鮮人來說是一個經濟上合理的選擇。它與合作住宅不同的是可以讓住戶在同一個屋簷下，建立更緊密的關係，但也相對降低了隱私程度，住戶的生活模式、性別和年齡等訊息較容易曝光。

韓國目前主要以「類似共享住宅的合作住宅」形式居多，兩者之間無明顯的區別。可是觀察國外案例後，若不婚人口持續增加，共享住宅可能會成為不錯的解決方案，只是在考慮不婚者的生活品質時，還需要更深入的研究。目前從政府對單人家庭的政策，或合作住宅的居住形態來看，大眾普遍將其視為短暫居住、而非終身居住的選項。

由於單人家庭只有一人居住，美其名是「合作住宅」，實際只是提供套房，失去了合作住宅原本的價值。這也意味著合作住宅業者對不婚生活缺乏了解。雖然都在大力宣傳這是新興事業，國家也感受到單人家庭數量增加，正在考慮實施單人家庭政策，但我認為不婚者親自出面表達意見，也不失為一個好方法。

當你讀到這裡，可能會想「我應該存錢自己買間房子」。一開始我也是這麼想的，決定不要與其他人生活在一起。但後來短暫體驗過共享住宅和合作住宅後，我的想法開始轉變，因為共同生活不會只帶來疲憊和困擾。雖然如果遇到合不來的人，在家可能比待在外面還痛苦。但如果能和睦相處，共享住宅所節省的金錢，得到的安全感和情感支持，絕對是值得考慮的生活方式。

我曾住過一間共享住宅，擁有一間寬敞的房間，浴室與室友共用。由於我和室友的生活方式完全不同，因此很難和睦相處，這段時間我們兩個都相當痛苦。然而，這個住宅的環境非常優越，位於市中心，交通便利，治安良好，景色優美，家具全新，廚房寬敞。一個人是很難享受到這種生活品質的，但因為有兩個人分擔，才讓這一切成為可能。

後來我太渴望擁有自由空間，於是找了第二個房子，可以獨自使用房間，屬於韓國常見的合作住宅形式。每個住戶都有自己的房間，但共享廚房、客廳和庭院。若我一味地追求單獨空間，那麼我絕對無法擁有那麼大的房間和庭院（庭院中還有游泳池）。而且能生活在大自然中，也讓我身心舒暢，天氣晴朗的夜晚，我們會在庭院燒烤；陽光明媚的日子，則在庭院晒衣服。那時我才了解到，與某個人生活在一起並不壞。

某一天，家中遭到小偷闖入，幸好有一位住戶在家，他的幫忙讓我能冷靜應對。要是只有我一個人在家，小偷會乖乖離開嗎？實在不敢想像。但這件事讓我下定決心，回到韓國找房子時，一定要與合得來的不婚夥伴一起生活。

如果你視個人自由為第一要務，還是希望你至少能體驗一次與不婚夥伴共同生活，也許會帶給你不一樣的想法。假如結果不如所願，再回歸獨居生活也是可以的。很多人認為「與朋友一起生活是一種壓力」，其實就算跟父母同住也可能遇到困難，更何況和其他人二十四小時相處在一起呢？即使如此，還是有很多人結婚了啊！雖然大家會說，婚姻生活是依靠著愛撐下去的，但我認為不婚夥伴間的關心、尊重和照顧，也是愛的一部分。

請不要預設立場、害怕逃避，不妨在機會成本較低的時候嘗試看看與他人共同生活。不婚的人生很長，利用時間進行各種的挑戰，那會是多麼美好的事啊！

找一間適合獨自生活的房子

家是保護我們免受社會傷害最基本的場所，也是強而有力的避風港。現代人比過往面臨到更多刺激，生活更加忙碌，因此休息時間變得至關重要。我們都應該用自己的方式讓家成為休憩的地方，享受獨處時光，邀請喜愛的人一同營造美好回憶。今天的充電是為了明天的氣力。長遠來看，家是創造不斷前進且不疲憊的力量來源。

家如此重要，我們該怎麼選擇房子呢？接下來將提供一些選擇好房的建議，要是你能按照以下方式執行，相信能大幅減少選錯房子的機率。

1. 查看自然採光狀態

朝陽的房子最受歡迎，也是最貴的，因為能享受到充足的日照。雖然有會人說「我總是拉上窗簾，不在意採光」，但請稍等！房子並不會拒絕陽光。房屋渴望陽光，哪怕是朝北的房子，只要陽光能均勻照射就不必太擔心。但要注意避免被其他建築物擋住、無法獲得充足光線的房子。缺乏陽光的房屋內部容易潮濕發霉，影響居住者的健康。此外，光線良好的房子相比光線不足的房子，能節省更多空調費用。因此採光非常重要。

如果有時間，建議在不同時段去看房子。若時間緊迫，一定要在白天能查看採光狀況的時間去看房子。

2. 找出發霉

如前所述，採光不良、缺乏通風和建築隔熱工程偷工減料，都會導致發霉。陽光充足、通風良好的房子較不容易出現此問題。看房子時，可以查看牆壁和地板交界處，以及窗框附近。即使是重新裝潢的房子也有可能發霉。有些人認為沒有重新裝潢過的房子較值得信賴，因為代表上一任住戶住在這個屋子裡時沒有問題，但有做重新裝潢也不一定就是壞事，無論如何，都一定要仔細檢查。

3. 查看水壓

請檢查廚房的流理臺、洗臉臺和馬桶等用水地點，看有無水壓過弱的情況。特別要注意馬桶，可以試沖一下，確認水流暢通。若廚房流理臺或洗臉臺水壓較弱，可能是設備有所損壞，而且要是馬桶堵塞很難自行處理，需要另外找業者修繕，得花費許多心神與金錢。

4. 檢查噪音

在看房時，不妨打開窗戶，聽聽外面的噪音情況。特別要注意附近是否有很多商家，了解一下營業時間。晚上營業到深夜的店家越多，可能帶來更長時間的噪音干擾。也要考慮物件是否靠近主要道路，這也會增加噪音。

如果你對異味敏感，最好避開一樓或附近有餐廳的物件。也要檢查室內的隔音狀況，看是否有來自上下樓層的噪音問題。要是在看房時碰到住在那裡的住戶，也可以問問諸如「樓上有養寵物嗎？有孩子嗎？」等問題。

假如住戶與鄰居間沒有太多往來，通常會回答「我不太清楚」。但要是住戶對鄰居情況很熟悉，很可能是透過噪音等觀察得出的。但在某些情況下，住戶可能為了想盡快把房子租出去而選擇隱瞞一些情況。

5.查看周遭的基礎設施

要查看物件附近有無超市、超商、醫院、藥局或百貨公司。也要確認基本的交通工具如地鐵、公車等。

6.嚴密的安全措施

如果你一個人住，就更該留意這個部分，確保有安裝雙重門鎖。要是住在低樓層，則要考慮安裝防盜窗，並檢查紗窗是否堅固。如果可以的話，請進一步檢查建築物的出入口是否安裝密碼系統、監視器等。除了房子本身，還要留意回家路線是否有足夠的路燈和監視器。居住安全是單人家庭需要特別關注的重要事項。

看屋檢查表

- □ 陽光是否充足？
- □ 通風是否良好？
- □ 風是否過大？
- □ 陽臺、倉庫、多用途室、天花板、牆壁與地板下方有無發霉？
- □ 有無漏水痕跡？
- □ 廚房與浴室的磁磚狀態是否良好？
- □ 洗手間有無通風口或換氣設備？
- □ 廚房、浴室和陽臺等水壓是否正常？
- □ 排水狀況是否良好？
- □ 熱水器是否能正常使用？
- □ 熱水器是否設在屋內？
- □ 附近商家是否經營到深夜？
- □ 附近的基本生活設施是否完善？
- □ 有無停車位？
- □ 步行十分鐘是否能到最近的公車站或地鐵站？
- □ 有無防盜窗？
- □ 紗窗是否堅固、有無破洞？
- □ 公共區域有無保全系統？
- □ 有電梯嗎？
- □ 管理費是否合理？
- □ 有沒有放冰箱的空間？
- □ 有沒有放洗衣機的空間？
- □ 有沒有晾衣服的地方？
- □ 放得下你現有的家具嗎？
- □ 水表、瓦斯與電錶是否運作正常？
- □ 查看房屋所有權狀是否有扣押或債權問題。
- □ 房東和所有權狀上是否為同一人？

室內裝潢重點在你的生活方式

好的，現在你需要仔細思考你的生活方式：是獨居或共享住宅，想在家裡從事哪些活動，希望這個房子擁有哪些功能等，將影響你的房屋設計和使用空間的方式。

無論獨居或共住，房屋面積是最重要的考量。每個人對舒適空間的標準不同，但根據研究顯示（以韓國為例），每人的「適當居住面積」大約是六點六坪，指的是必要的三點三坪空間，再加上走廊、洗手間等休閒區域的面積。你可以參考這個數值來預估所需的房屋面積。以四口之家為例，合適面積約為三十坪。一旦確定了個人適當居住面積的大小，接下來就可以開始規畫空間配置。

首先，要根據空間功能進行分區[12]，區分公共空間與個人空間，標準為能否與他人共享。你可以參考出售物件的平面圖，圖上畫分的區域都有名稱。把名稱擦掉後，便可以展開想像。根據你的生活方式和喜好，賦予每個空間不同的功能。如果你喜歡閱讀，可以把最寬敞的空間（現有的客廳）定為書房；如果需要獨立收納空間，可以把最小的房間改為更衣間兼倉庫。在決定空間功能的同時，思考你在這個屋子裡會進行的具體活動，將有助於規畫日後的動線和選擇家具。

12 zoning，建築常見用語，指畫分區域。

區分完空間後，接下來是制定動線。動線指的是用線條標記人在不同空間移動的軌跡，它連結了整個屋子。進一步觀察，可以把它看作是連結家具與家具之間的線條。根據家庭成員的生活方式，制定不同的動線規畫。最有效的動線是把功能相似的空間盡量安排在同一區域，減少不同區域間的移動，讓生活更便利。無論是哪種空間，動線規畫都會影響空間的功能、家具佈置和裝飾品的選擇，這些都是影響生活品質的重要因素。

在規畫動線時，可以初步想像房子的模樣，也就是在房子裡的生活場景。不過大多數人往往只關注要做哪些室內裝潢，而忽略了真正的關鍵——如何生活。因此，應該整理出一份清單，記錄自己在家日常的活動，以及未來想實現的目標。

有人認為在室內裝潢花心思是奢侈行為，反正只要有地方住就好，幹麼在沒必要的地方花大錢。這種觀點或許有一定道理，但不能忽略空間對心理與行為的影響，就像「破窗效應[13]」一樣，環境會影響人的情緒與行為。因此，營造良好的環境至關重要。生活在經過精心打造且充滿愛心的環境中，與生活在荒廢的環境裡，將帶來完全不同的情緒與思考方式。

那麼，什麼是好的室內裝潢？好看最重要嗎？身為從事室內裝潢設計的專業人士，我常被問到關於流行趨勢的問題。裝潢風格確實每年都在變化，但我的答案始終相同。

「與其追求時下流行的裝潢，按照住戶的風格設計會更好，越追求流行越容易膩。」

一個追求極簡主義的人為了符合極簡主義的趨勢，減少家裡的家具和物品以追求簡約。但這樣的生活方式很難維持，一開始看似乎是極簡生活，但很快家裡的東西就會越來越多，為了更多的收納空間而不得不增加家具，不必要的支出也會增加。

要做到理想的室內裝潢，關鍵在於了解自己的傾向和生活方式，並將這些元素運用到空間設計中。

13 Broken window theory，為犯罪心理學理論。指如街上有一棟窗戶破了的建築物，很快地其他窗戶也會被破壞，犯罪率將顯著上升。

學會修繕大小事，不用萬事都求人

現在，該付諸實踐了。這個世界上有各種生活方式，但其中有一些共通之處，就是要有保養房子的能力。不管你投入多少心血來裝修房子，隨著時間流逝，房子都難免會遇到問題，有時甚至可能想重新裝潢。

面對房屋修繕、修理、ＤＩＹ改造等詞彙，一開始感到害怕是很正常的。但別擔心，最難的永遠只有開始！只要掌握基本理論與知識，並相信自己有能力做到，就可以充滿自信地開始！學會一些簡單的維修方法，你就能靠自己進行改造。

身為室內裝潢設計師，坦白說，有時修理和ＤＩＹ對我來說也很具挑戰性。我的強項不在於施工，而是像許多設計師一樣，大部分時間都待在辦公室。不過我內心深處有種責任感，希望我的室內設計能讓客戶滿意，要是沒有親身嘗試過，我怎麼有資格發表意見呢？客戶信任我的專業，把設計工作交給我，但事實上我和他們一樣，都是從網上搜尋資料學習。雖然背負著專業人士的使命感，還是經常做各種嘗試、不斷學習，並告訴自己：「是的，經驗就是寶貴的資產！」我就這樣逐漸成為經驗豐富的老手。

「我怎麼可能會修理、保養？」

「改造只能交給專家。」

這種話我也說過。當我們看到房屋修繕、修理和DIY這些詞時，確實很容易聯想到一連串的挑戰和麻煩。沒有經驗時，自信不足是正常的，可是一旦親身經歷過，往往會發現：「其實也沒那麼難。」每個人都會覺得起步的過程難熬，但這些艱難的過程最終會換來更大的成就感。

DIY裝潢或改造雖然不容易，而且根據情況也可能變成重體力勞動。但受限於技術困難和對沒做過的事情感到陌生，這是兩個不同的問題。我們可能缺乏技術，但我們有熱情！帶著熱情挑戰一下吧！

打掃房間，也是打掃心靈

再漂亮的空間，如果不乾淨也很難讓人喜愛。要是得在臭氣熏天的大宅邸和乾淨衛生的小公寓之間做選擇，我更傾向後者。我們有時候未能意識到，整潔有序的空間能帶來正能量，而混亂不堪的空間只會帶來負能量。

風水主張在家裡種植物能招財，其實並不是植物本身能招財，而是在我們照顧植物的同時，自然也整理了空間。當你對植物產生感情，你會經常打開窗戶讓它們享受陽光，或定期清理花盆、避免積水。當我們擦拭盆栽時，也會順手擦拭地上的汙漬。儘管沒有刻意打掃，也在不知不覺中產生了整理的興趣。住在整潔空間裡的人，心理上會更加從容。相反地，人在骯髒混亂的空間裡也更容易生氣、煩躁。

如果你已經決定過不婚生活，就必須善待自己的心靈。家應該是最舒適的地方，在家中不該感受到壓力。打掃是非常值回票價的，因為這項工作可以從多個方面進行心靈管理。在一次次的整理中，就能掌握技巧，變得得心應手後也會得到成就感。為了不讓家成為助長憂鬱情緒的催化劑，請務必保持家裡的整潔。

我五分鐘後真的會打掃

大家都知道維持居家整潔的重要性，也同意這樣人生會更美好。但為什麼有些人的家總是井井有條，有些人的家卻看起來像垃圾堆呢？這個問題可以從屋主對打掃的態度找到答案。

首先，拖延的人將打掃視為「需要處理的問題」。對他們來說，打掃是一種「減法」活動，因此他們更關注於解決眼前的問題，而不是打掃帶來的整潔和成就感。他們會嫌麻煩，不想打掃，反正不做也不會對生活產生太大影響。

而不拖延的人認為打掃是「加法」。基本上，他們的家原本就井然有序，他們隨時能做自己想做的事。混亂會讓他們感到不自在，必須打掃來將空間恢復到正常狀態，且為了維持正常狀態會經常打掃。保持整潔是額外的好處。

打掃就像數學中的指數概念，可能覺得一開始很容易，一旦堆積起來，需要處理的工作成倍增加，就變成了乘法。當你心想「總有一天會打掃」時，轉眼間家裡就變得一團糟。要處理的事物會以幾何級數的速度增加。我們一定要建立一個定期打掃的行程，就像做伸展運動和鍛煉身體一樣，照顧家的整潔也需要定期的安排。

認真打掃三步驟

打掃、整理、整頓。韓國國立國語院對這三個詞彙的定義分別是，「將髒亂的東西清理乾淨」、「將處於散亂狀態的東西收集到一起」、「將散亂的東西整理成有秩序、整齊的樣子」。雖然相似，卻有微妙的差異。

舉例來說，不婚人士A喜歡在家辦派對。當他和朋友一同度過了充實又熱鬧的美好夜晚，點了外送，也買了食材在家做飯，還有一些助興的酒。隔天，大家醒來後忙碌地開始收拾，回歸日常生活。有人負責將外送食物和垃圾丟進垃圾桶，這稱為「打掃」；有人整理昨天用過的餐具，交給負責洗碗的人，這叫作「整理」；還有人將未開封的通寧水和水果放進冰箱，這叫作「整頓」。

雖然很多人一起打掃是好事，但有時還是得獨自進行打掃。因此，打掃、整理和整頓的順序非常重要。為了提高效率，我建議按照打掃→整理→整頓的順序進行。

打掃順序很重要

是時候拉開窗簾了。打掃是我們經常使用的詞彙，實際上也包括了整理和整頓。這是評估一個房子是否乾淨的核心。在打掃時，清潔房子，丟垃圾、洗堆積的碗盤和衣服、啟動吸塵器都是必須進行的事。在還沒有養成打掃、整理、整頓的習慣前，絕不可能一眨眼就把所有空間變得完美。打掃不是用來炫耀或競爭的。先暫時把想要把整理乾淨的房子拍照上傳Instagram的念頭放在一邊。現在需要考慮的是，你能投入多少時間和精力打掃。不要著急，在制定打掃計畫前先估算一下，並留出一兩個小時的空檔。

在打掃時，建議從你經常停留的空間開始，先處理耗時的工作。例如先將要洗的衣物放入洗衣機，在洗衣服的同時可以洗碗和清潔地板。洗衣服是不可避免的，但最好不要拖延洗碗，有堆積的碗盤應盡快處理。微波爐、烤箱、氣炸鍋不需要每天清理，但瓦斯爐容易積累油垢，建議每天擦拭一次。

在打掃客廳與房間時，建議隨身攜帶垃圾袋，可以減少來回走動的麻煩。我建議要從上到下進行打掃，先整理架子上的垃圾，然後逐漸移到地板。如果你先啟動吸塵器、擦地板，那麼在整理上方時灰塵可能又會掉下來，得重新清潔。要是覺得這樣太麻煩，可以用家用清潔紙巾擦拭牆壁交界或吸塵器無法達到的地方。

注意到了嗎？我在打掃時喜歡使用一次性用品，因為相較於洗抹布，用完即可扔掉，省下事後清洗以及累積細菌的麻煩，現在也可以很輕易地買到添加小蘇打粉的清潔用紙巾。

整理讓你更有成就感

地上的髮絲和紙屑掃乾淨了，換氣也差不多了，晒在陽光下的衣服散發出隱約的柔軟香氣。心情真是暢快！要是我告訴你，整理的時候，這種心情會倍增，你相信嗎？

整理真的讓人上癮。或許你現在會存疑，等你漸漸體會到整理的滋味，就會得到難以言喻的成就感。整理不僅是丟東西，因為這裡的「丟」包括過時不穿的衣服，還有一些還能使用的東西。因此，整理是比打掃更全面的概念。即便你認為沒什麼可丟的，但其實你能丟的往往比預期更多。

最先要跳上這趟「丟棄」列車的是冰箱，尤其是冷凍室。我們必須認清，冷凍室並不是一個時間靜止的宇宙。把剩下的食物放進冷凍庫，頂多只能保存一週，根據食物種類不同最長大概幾個月，但事實上，即使你想著「下次再吃」，但過一個禮拜你就會忘記那些食物了。

不吃的食物一開始就扔掉更經濟有效率。冷凍室是一個麻煩，冷藏室則是一個大麻煩！變質的食物一直冰著，會變成細菌的溫床，因此要持續清理冰箱裡的食物。簡單來說，就是要養成記錄的習慣，可以用鉛筆或白板筆將你放入食物的時間寫下來。省錢的單身主義者把這些無異於磚頭的東西堆在冷凍室，理財不就失去了意義嗎？擅長丟東西的人，同樣也擅長整理。

放在架子上或抽屜裡的雜物也是丟棄列車的常客。請大膽丟掉那些你以為總有一天會派上用場的雜物，不要相信腦中那些異想天開的想法，我保證那些想法到了明天，有一半以上都會被遺忘。另外，在整理箱子時常會遇到許多「回憶」，以為是垃圾，打開一看發現是兒時好友寫的紙條，或是拿出塵封的舊筆記本與相簿。你會感到無比懷念，但要注意，那些物品帶有魔性，一旦拿在手上，時間線就會扭曲。有人形容，當你與具有回憶的物品對視三秒以上，就會踏上回憶之旅。回憶一兩次還沒關係，可是一旦沉浸於回憶中，整理工作就無法如期完成。

在整理要扔掉的東西時，請將重點放在「這東西對我有多珍貴」。那些沒有實際用途，但有足夠情感價值的東西，可以留下。至於其他情感不那麼重要的東西，可以拍照保存，然後與它們道別。如果你因為保留不熟悉的人送的東西或一時衝動買下的裝飾品，你的家很快就會變成倉庫。

整頓可以了解自己的生活

把放置許久不用的東西送給熟人，不需要的東西放進垃圾回收箱，原本塞滿東西的抽屜變得輕巧，空間也變得寬敞。現在漫長的整理工作即將結束，沒有更多東西可丟了。最後，讓我們感受整頓的魅力吧！根據用途和目的將分散在各處的東西進行分類，這樣做可以讓需要時一次就找到，不必像無頭蒼蠅般苦尋，也不用擔心會重複購買相同的物品。

要是時間充裕，建議將箱子裡的東西全部拿出來，從完全清空的狀態開始整理。抽屜就是抽屜，衣櫃就是衣櫃，把所有東西拿出來放在一起，就可以清楚看到物品的狀況。是否買了太多文具？是否只買太類似的衣服？這個過程可以讓你更了解家裡堆積的物品，是一個很有意義的過程。

像這樣從空無一物的狀態逐一整理，不僅能轉換心情，還能減少被物品占用的不必要空間。我建議你先從大衣櫃著手，根據季節與用途將衣物進行分類，把常穿的衣服放在一起，過季衣物或棉被用真空壓縮袋收納，這樣能減少七成五的體積。兩年都沒穿過的衣服，無論多漂亮、你有多喜歡，都可能不再適合你。整理整頓就像莫比烏斯環，縱使你覺得已經篩選過了，也要再次檢查。如果有收納箱，可以貼上標籤或用手機記錄每個箱子收納的東西。如果沒有收納箱，也可以運用生活中能取得的箱子。

以我為例，我通常不會特別抽時間打掃，頂多在開窗戶和洗衣服時順道吸地。平日裡，我更注重維持整潔，讓自己能有個好好休息的地方。只有在週末，我才會花時間進行整理和整頓。

人們對掃除的看法各有不同，就像對薄荷巧克力的喜好一樣，分成兩極。無論你是選擇每週空出一天進行全面大掃除，還是偏好逐步整理不同空間，都可依照個人喜好選擇。不喜歡打掃的人也不必因為家裡有些凌亂就感到壓力。假如你有足夠的財力，也可以聘請專人打掃，減少自己親自動手的麻煩和時間成本。

據傳日本名畫家葛飾應為非常厭惡打掃，因此他毅然捨棄凌亂的舊居，遷居至新住所。這在現今社會或許難以想像。但幸好，現在有許多價格實惠且提供定期打掃服務的專業清潔公司。

不管你選擇何種方式，最重要的是保持居家整潔。或許有些人尚未體驗過保持乾淨空間帶來的生活樂趣，但只要親身一試，便會深深愛上。打掃是珍惜你所愛的家的最佳方式，不要視它為瑣碎的麻煩。從現在開始，讓我們將自己的心意注入家中的每一個角落吧。

獨自生活，要活就要動！

因為有聚餐，明天再運動吧；運動服沒有洗，後天再運動吧；心情不好，下週再運動吧。我很確定，總是推拖不運動的人不只我一個，可能會延後一個月、一年，甚至一輩子。但運動對生活非常重要，就像陪伴我們一生的朋友，同時也是永無止境的課題，光想就覺得疲憊。學生時期的我，把運動視為維持身材的減重方法，拚命進行有氧運動和無氧運動交替的高強度訓練，同時還控制飲食。然而，問題在於我並沒有好好吸收對身體有益的營養，經常捱餓或用沒有營養的東西填飽肚子後去運動。因此，運動對我來說只是一個痛苦的過程。

學生時期為了減重而拚命運動的我，當然也沒有養成運動習慣。如果我過去曾認真運動，現在大概都能成為鐵人三項的選手了，但現在在我身上找不到半點肌肉，每次爬地鐵站的階梯都氣喘吁吁。為什麼會變成這樣呢？就是因為我運動的初衷只是為了愛美，卻無法這個目標堅持下去。只有在特別的約會或即將到來的夏天、拍重要照片時，才會臨時抱佛腳去運動。這樣的運動持續時間最短只有一週，最長也不過一個月。直到有一天，我參加了某位老師的課程，聽到了兩句話，才真正明白了運動的真諦，終於擺脫錯誤的運動觀念：

「那些說運動可以長命百歲的人，其實花了很多時間在健身房吃苦！所以就算少活一點，我也要吃好吃的，過得開開心心。」

老師是個幽默風趣的大塊頭。當時聽到老師這句幽默又暢快的話，我馬上牢記在心，真是一句偉大的名言。對啊！無論是運動或任何事，開心才是最重要的！我再也不要為了減重承受壓力了，這樣的日子終於過去了！

其實老師是想表達運動是一種有建設性的行為，是真的為了自己的健康而培養每日運動的習慣。但當時在我聽來，老師似乎在告訴我過自由自在的生活，選擇不運動就像在宣告「我不需要減重」。過去的我未能正確區分運動和減重的概念，擅自將「減肥」這個詞從腦海中刪除時，也把「運動」一起遺忘了。運動在我的生活中與減重一同消失，直到我深深體會到運動的重要性。

假使你活得隨隨便便，過往的錯誤總有一天會找上門。以我為例，雖然知道身體出了問題卻沒有足夠警覺，對腰、腳踝、膝蓋和手腕的疼痛視而不見，或是刻意忽視。雖然全身都痛，但我清楚只要一開始跑醫院，就會變成永無休止的例行公事。

直到體內問題越來越多，我才慢慢正視現實。我的家族有大腸癌病史，這個在全球死亡原因中排名第四的疾病，當我身邊的親人開始罹患時，我才驚覺自己也隨時可能會生病，並感到恐懼。那時候，我又想起那位老師說的話，深感生命的脆弱與無奈。老師還說，努力運動的人或許能在生命盡頭仍保持健康，而不重視運動的人則可能在生命末期承受痛苦。我為什麼忽略了這一點呢？最失望的當然是我自己。經過一段低迷期後，為了在生命終點保持健康，我決定開始運動。

通常當人們想像不婚生活時，常會提及健康問題。「你知道獨自一人生病時有多難受嗎」、「你不怕孤獨地離世嗎」，健康惡化和死亡是每個人都難以避免的現實。這是無法消除的原始恐懼，確實會感到焦慮不安。有些人認為不婚迎來孤獨的老年生活是令人惋惜的事，對他們來說，宣布不婚就等同宣告了孤獨死。

結婚並不代表就不會有這類焦慮。夫妻之中總有一人會先離去，留下另一人獨自面對人生的挑戰。重要的不是你是一個人還是兩個人面對這些難關，而是如何保持健康。這也是我重新開始運動的原因——希望能健康地走向生命的終點。

一開始，我建議媽媽和我一起運動，但她拒絕了，還說了句讓我不太懂的話：「老了還運動是折騰自己。」我只是提議輕鬆快走卻還被拒絕，讓我有些傷心。不過很快我就開始思考該選擇什麼運動。我嘗試過健身、瑜伽、飛輪、運動攀登、巴西柔術等，最後的選擇則是跑步。跑步的優點是相對不受空間、時間和裝備限制，又有一定難度，能獲得更大的快樂和成就感。我想找到一種能融入生活、伴隨我一生的運動，而每天跑步都能實現一點小目標，非常適合我。

加入不婚生活共同體後，我結識了一些朋友，開始一起跑步。朋友也認為這是個很好的機會。

以前的我未能培養運動習慣的主要原因是缺乏意志力，但現在和朋友一起跑，確實比獨自跑步多了份責任感。

當我還不太習慣運動，差點想放棄跑步時，我的跑步夥伴對我說：「真的很感謝你在忙碌的生活中願意抽時間來運動。其實我本來以為你會放棄，但看到你一直堅持，我真的很感動。」

我像被打了一拳，驚訝地問：「你說的是我嗎？」我一直都是個嫌運動麻煩、老是想找機會休息的人，沒想到他居然被我的堅持感動。

每個人都會有對自己苛刻的時候，尤其是完美主義者。不過，當有人真心讚美你時，會成為很大的安慰和鼓勵。「是啊，我做得很不錯！」你與自己是最親近的人。別再堅持完美，就算做得不太好，也要讚美自己不放棄的勇氣。

運動是相伴一生的朋友。不要著急。就像在開心或憂鬱時會約朋友見面一樣，運動也可以調節情緒，這就是我認為能讓身心健康的最佳方式。

我原本計畫在這篇文章中分享在家有效運動的方法，或是如何找到適合自己的運動方式。但我們都很清楚，不運動通常不是因為不知道該怎麼運動，也不是沒有時間，而是缺乏動機或感覺不必要。無論生活有多忙碌，無論今天過得多不開心，只要你把運動列為人生優先事項之一，就一定會堅守對自己的承諾，努力運動。

我思索著如何讓你對運動抱持積極態度，因為我深信真心的分享能產生共鳴。希望透過我的經驗，讓你看見像我這樣的人是如何改變的。我希望我所感受到的也能觸動你的心，讓你擁有持續運動的勇氣，為了自己健康而努力。

我獨自生活的料理小訣竅

衣食住是人類生活中不可或缺的三大要素，也是享受生活的基本需求。從遠古時代沒有文字時一直到現代，衣食住始終是人類生活的關鍵要素。雖然隨著生活方式多樣化和環境變遷，人們關注的重點或許有所改變，但這三要素仍然保有其重要性。本篇將討論「飲食」這個與健康直接相關，但常被忽略的主題。

現代生活忙碌，吃早餐常被視為奢侈，除非家中有人專門負責家務，否則下班後要處理積累的家事和準備飯菜，跟上班一樣變成苦差事。可是若因為忙碌而忽略飲食，健康和財務狀況很快就會亮起紅燈。我們都有這樣的經驗，因為太忙太累，就外帶餐點或訂外賣來解決三餐，雖然肚子飽了卻感到疲憊不振。不僅如此，這樣的飲食方式持續一個月下來，伙食費也會大幅增加。

實際上，許多健康專家常常強調規律的飲食時間、適量的飲食、新鮮的食材和均衡的營養對健康的重要性。我們所吃的食物影響著我們的身體，最終也展現在我們的未來。這已經是共識，但許多人沒有足夠的時間、精力和金錢來照顧飲食。

當我第一次親身體驗去市場、下廚、整理的過程時，感受與腦海中單純的「知道」截然不同。我喜歡看料理影片，也熱愛烹飪，幾乎沒有我不敢嘗試的食材，所以我自認可以做出很多美食。擁有自己的廚房，隨心所欲地煮自己想吃的料理，一直是我的夢想。

問題可能就在這裡吧。我第一次去買菜那天，在擁有自己廚房的喜悅中，感到非常興奮。我做了很多料理。但兩週後，這份興奮和滿足感就消失了。花在伙食費上的錢比我想像得還高。為什麼基本的醬料和調味料要準備這麼多種呢？就算是簡單的料理也需要很多食材。我也怕食材會壞掉，所以急著吃掉，但總是追不上它們在冰箱裡變質的速度。我開始覺得，買回來的食物雖然是我想吃的，但在家裡做時都覺得過程繁瑣，需要的食材很多，很難做得出來。而且冰箱空間比我想像得要小。總之，真是糟糕透頂。

我開始覺得吃喜愛的食物是一種奢侈。於是，我把重心轉向清空冰箱裡的食材。但做菜和用餐的過程卻變得不愉快，下廚逐漸變成一項麻煩又沒效率的事，因此我越來越常叫外送、吃超市賣的半成品和微波食品。結果，我的健康惡化，錢包也漏洞滿滿。我失去了料理的愉悅、品嚐食物的快樂，忽略了健康的重要性的同時，感悟到了三件事：

第一、韓式料理需要的食材比想像中多，很費工夫，而且很多菜餚保存不易，吃起來也不如現做美味。作為傳統韓國人，我一直認為辛辣食物和湯類是必備的菜餚。然而若要親自製作這些食物，往往一次要做大量，難以保存。尤其是用辣椒等調味料醃製肉類的「紅色調味」食物，容器易染色，油脂凝固速度快，很難當作常備菜，之後拿出來吃也不如現做時美味。硬是將三到五人份的家常菜做成一人份，也麻煩又不划算。

第二、許多菜餚不適合一人享用，像是火鍋、炒肉、馬鈴薯排骨湯等湯類食物。韓國飲食文化中有很多兩人以上為標準的菜餚與料理。當我親自下廚時，發現困難比我原先想得還大。

第三，我喜歡的食材和能靈活運用的食材是不同的。我喜歡豆腐，但我並不知道一塊豆腐用在單人份餐點上是相當多的，即使我做了四、五次湯類料理，還是會剩下半塊豆腐。我試著把剩餘的食材變花樣，做成其他菜餚，但只是調味料不同，食材的味道和口感都一樣，很快就膩了。反之，也有出乎我意料的百搭食材。最近的新發現是紅蘿蔔。我原先只把紅蘿蔔視為放在紫菜包飯裡那種很難單獨挑出來，所以不得不吃掉的食材。不過它出乎意料地和各種食物都很搭，且保存方便又持久，像是可以切碎當炒飯配料，炒菜也很適用，和甜甜的調味肉類也很搭，也可以用墨西哥玉米餅皮做成簡單的雞肉捲，或加在健康蔬菜湯或番茄湯中。

市面上提供了許多可幫助省伙食費的小訣竅和食譜，讓我們一同看看該從哪裡著手吧！根據前述的經驗，我設定了健康又愉快的飲食生活的三項主要標準。

1. 營養成分均衡

我參考了許多專門介紹營養成分的書籍和影片，選出三、四種我認為必要的營養素，然後以每週為單位來分配。以我為例，我把碳水化合物、蛋白質、脂肪都納入考慮，並努力增加攝取纖維質。但我們不是營養專家，只要能注意碳水化合物不要攝取過多、蛋白質攝取不足，就已經相當不錯了。

2. 了解個人飲食習慣

這是最重要的階段。無論食物多健康，如果口味不合適就難以持久。因此，你應該找到能讓你吃得開心又健康的飲食方式。為了掌握飲食習慣，首先要了解自己的健康狀況。假若有什麼舊疾，必須優先考慮。接著，檢查自己的消化能力是否良好，是否對某些食物敏感或不適合吃乳製品，或者晚上吃碳水化合物會覺得消化不良等。然後了解哪些食物、醬料和進食時間對你來說可能會不舒服。接著，請計算一天中習慣的用餐時間和次數，回想一下自己偏好的用餐模式，例如一定要吃早餐，但晚餐吃得相對清淡；或是不太習慣吃早餐，但一定會按時吃午餐；也可能一天至少需要吃一頓韓式料理等。

也可以寫下自己喜歡的食物，例如西式料理、韓式料理、日式料理、中式料理，或者按照米飯、麵食、肉類、麵包來分類，然後將相似的食材與醬料組合在一起。考慮到多樣性，將不同種類的食物放在一起，就能最大程度地利用食材，享受不同的菜色。

3.效率性（時間、勞力與金錢）

不婚人士都很忙碌，除了工作還有各種興趣，也要應付堆積如山的家事，很難每天花一、兩個小時在食物上。因此，假如能掌握好營養成分和自己的用餐偏好，先制定兩週到一個月的食譜，可以有效節省煩惱、買菜和準備的時間。可以先思考這週想吃的主菜，列出所需食材，再想想利用這些食材可以做哪些小菜就好。

要是一開始不知從何下手，不妨參考學校食譜（尤其是國、高中的食譜），或者參考每月餐費預算〇〇元這類主題的影片，都會有所幫助。只要定好食譜，就能避免浪費時間煩惱「今晚吃什麼」，也能防止疲憊地下班後只想叫外送的發生機率。此外，事先想好所需食材，上市場買菜也會變得更簡單，能清楚知道自己的錢花在哪裡。

制定食譜固然重要，但記得粗略規畫就好。有時候就是會突然想吃炸雞，或是不得已有公司聚餐、約會等臨時狀況。可以平時的食量為基準，大致構思出七、八成的菜量，靈活調整食譜，保持整體飲食的均衡。

一人飲食小竅門

接著，我想和大家分享幾種讓飲食更豐盛的方法。像是前面提到的常備菜，對忙碌的生活來說是必不可少的。選擇合適材質的密封容器和多樣化的常備菜，可以更有效使用冰箱空間，減輕整理冰箱和洗碗的負擔。

下一個小竅門是多結交朋友。如果身邊有像我一樣的不婚者或獨自生活的人，就可以一同分享物美價廉的食材。像是之前洋蔥或馬鈴薯供不應求時，大家可以合購，減輕開銷，也能享受到時令食材。若彼此口味相近，還能互相分享食物，或是難以做成一人份的菜色等。在不婚人口增加的時代，請積極尋找同樣不婚的朋友吧，說不定就有人在等著和你一起合購馬鈴薯喔。

最後的竅門是，請為自己準備特別的祕密餐點吧，尤其在生病時，若能吃到簡單美味、能補充精力的食物，身體也會感受到力量。現在有許多方便的調理包，像粥類、湯類和鍋粑等，可以先儲備起來。除了生病時，還可以為自己準備三、四道特別的節日餐點。縱使沒有在社群網站上的華麗佈置，一頓精緻的餐點或桌布、杯墊、碗盤等小裝飾，都能讓你感受到被珍惜、被照顧。在痛苦或疲憊時，我也在努力為自己著想，這會是莫大的安慰，也能成為生活的動力。

吃是生存所需，也是款待自己的第一步，在人生中是不可或缺的，尤其是在小時候，當所愛的人為我們做美味的食物，都能感受到他們的愛與關懷，也對他們深懷感激。既然吃飯是必須的，就讓我們像兒時一樣，將進食視為對付出辛勞的自己表達謝意的方式吧。

室內設計師的修繕Q&A

以下幾個簡單問答或許無法完全解決所有疑惑，但可以對修理、維修和DIY提供建議，在自己能處理的範圍親自動手解決問題。DIY已經不再是專家的領域，希望你能打破過去的自我限制，相信自己能夠做到。想像一下，單手拿著工具認真工作，汗水流淌的模樣，多麼帥氣啊！我們應該積極開發自己的潛力，成就新挑戰中的「帥氣自我」。

Q1：房屋維修的基本工具有哪些？

A 有捲尺、螺絲起子、錘子、板手、鉗子等，這裡列舉的只是一小部分。或許有人會懷疑是否真的需要這麼多種工具？但這些工具都非常實用，隨時可能派上用場。不用擔心這麼多工具好買嗎？你可以在五金行、超市和網路等地方找到「家用工具組」，一次就能擁有必要的工具。在家裡準備一套工具組是必要的。如果想更齊全，可以再加買電動螺絲起子。投資一點成本，換來身體少受點苦也是值得的。就像古代人靠著工具快速進步一樣，現代人也需要工具幫助自己。

Q2：燈泡的種類繁多，有什麼區別？

A 燈泡的種類大致按原理區分為白熾燈、日光燈、LED，再根據色溫分為黃光、白光、自然光等。黃光是燈泡色，白色是明亮的白光，自然光是介於兩者之間的冷白光。白熾燈只有原本的燈泡色，LED則能有更多顏色。順道補充，燈泡的W（watt，瓦特，即電力單位）越大則越亮。

Q3：我想換地板，不知道挑哪個顏色好。

A 通常選擇較深的顏色是比較保守、安全的做法，也有人會參考家具的顏色選擇淺色系。淺色系地板的好處是能讓空間看起來更寬敞明亮，但缺點是家具會顯得有些單調，且容易顯出灰塵和汙垢。但無論如何，最終的選擇權在你手中。

Q4：一個人能完成鋪地板的工作嗎？

A 當然可以。鋪地板的勞動強度會因為面積而有所不同。假使只有三到五坪大小，我非常建議你一個人處理。不過，地板的重量可能會超出你的預期，因此要是面積很大，建議最好有兩個人或以上一起進行。這樣不僅能減輕個人負擔，出現意想不到的問題時也比較有效率能解決，例如地板與門框接觸的部分需要切割成門框的大小。不過只要沒有切錯得太糟糕，也可以用填縫（caulking，填補縫隙的工作）方式來收尾。

Q5：一個人也能安裝收邊飾條和壓邊條嗎？

A　若你下定決心的話，也不是不可能。不過在DIY時，不太建議大家自行拆除工作，尤其是獨自進行。拆除工作非常消耗體力，而且一旦出差錯就很難恢復原狀。當你吃盡苦頭又無法挽回時，找業者進行補救可能還會產生外加費用，這種情況我聽說過很多次，因此不建議大家自己進行拆除。

另外，收邊飾條和壓邊條被歸為裝潢廢棄物，也要考慮廢棄物處理費用。如果擔心出現痕跡或裂開，可以使用木材填充劑（wood filler）進行修補。因此我建議在現有狀態下尋找解決方法。

Q5-1：想在收邊飾條和壓邊條上面上漆，方法和漆牆一樣嗎？

A　是的。收邊飾條和壓邊條大多是暗色系，因此上漆需要打底劑。

Q6：窗框和牆壁間有縫隙的話，怎麼辦？

A　可用聚氨酯泡沫填縫劑（urethane foam）解決。使用時，不要一次填滿整個縫隙，最好從最深處開始，一層層地重複塗抹泡沫到外部。需要注意的是，泡沫填縫劑凝固後會膨脹近四成，所以要用小刀清除掉凝固後擠出縫隙的多餘部分，才能成功進行修補工作。

PART
4

不婚將帶你
開創更多可能

找到屬於自己的幸福定義

每個人都渴望幸福的生活，就算是被這個世界的苛刻視線環繞的不婚人士也一樣。每個人都有享受幸福生活的權利，我經常問遇到的人：「你幸福嗎？」很少有人能立刻回答：「是的，我很幸福！」而當我接著問「做什麼事會讓你感到幸福」時，大家會各自陳述自己的故事。這些故事有一個共同點，那就是在做快樂的事情時才會感到幸福。因此，為了過快樂的不婚生活，我希望與大家一同思考「如何善待自己」。

我希望我的人生終點是自由自在、享受閒暇的模樣。我想像中的自己笑得很開心。幸福並不一定意味著一直很快樂，但快樂毫無疑問能帶來幸福感。

每個人感到快樂的原因、情況和理由各有不同，但都渴望快樂。有些人在得到他人認可時感到快樂；有些人則是在獨自探索內心時感到快樂。那麼，讓單身生活變得幸福的快樂因素有哪些呢？為了更快樂、幸福，我們能採取哪些行動，以帶來更大的滿足感？其實，思考這些困擾，本身也能成為一種快樂喔。

我腦海中第一個浮現的是吳爾芙在《自己的房間》中所說的話。她提到，為了持續追求自己想做的事，「每年需要五百英鎊（約兩萬臺幣）和自己的獨立空間」。這讓我明白，我們需要有基本收入和安全的住所，來維護人類的基本權利。對於生活在資本主義社會的我們而言，穩定的收入和居所不僅是享受生活的條件，更是最基本的必要條件。

你曾經認真想過擁有的某樣東西嗎？我們通常會花更多時間去接受「我無法擁有我想要的東西」，而不是思考「要如何才能擁有我想要的東西」。當然，錢財和物品都是有限的，在供需法則運作的世界，我們必須適時與人類的無限慾望妥協。可是，「想擁有」的慾望是人類的本能。

在和家人共同生活的房子裡擁有自己的私人空間，甚至是獨立空間，可以讓你獲得平靜與安定。要是你決定選擇單身，我建議你要毫不猶豫地將資源集中在打造屬於自己的空間，並努力擴充基礎設施。擁有一個完全屬於自己的房間或與他人完全分離的空間，是創造你所渴望的理想生活方式的基礎。在迎接黎明的晨光或在深夜外出排遣寂寞時，你不必顧慮任何人的看法，可以自主決定所有行動。「自主的人生」這句話聽起來或許很理所當然，但真正能始終如一地隨心所欲的人，實屬稀有。

假如你擁有想要的東西，就會感到豐盛。我不是指你必須擁有很昂貴的東西，而是知道自己想要什麼。像是前面談論的空間，現在可以來思考一下，該怎麼裝飾這個房子？我從小只要想到

「家」，就會浮現一架放在地毯上的平臺鋼琴，覺得它非常美，想像中它放在窗邊，被陽光照射，氛圍從容、恬靜又溫暖。在我搬出來自己住後，我在工作室兼住家的空間放了鋼琴。它與我想像中不同的，那是一架直立式鋼琴。雖然上面擺滿雜物，變成了置物架，但只要我想，家裡隨時能充滿鋼琴旋律。

我把家打造成我想回去的地方。如果你喜歡電影，可以考慮擁有一臺優質的投影機和音響。擁有這兩樣東西本身就能讓人感到滿足，而想到關燈就能變成家庭劇院更是充滿吸引力。除此之外，還要有溫暖柔軟的寢具和完全遮光的窗簾。想像一下，結束忙碌的工作後，待在漆黑的房間，播放自己喜愛的電影，一定會很愉悅。此外，家中各處擺放的小物品能讓生活更便利且豐富。氣炸鍋、微波爐、清潔工具、地毯、木椅、電子鐘、急救箱……一一準備這些物品的過程，就像遊戲破關的任務一樣讓人感到滿足。

有些人是極繁主義者，喜歡用物品填滿空間；而極簡主義者則追求少而精，只要是讓自己感到開心的物品就足夠，像是圓木盤、音響音質流暢、讓家中充滿宜人香氣的香薰等。就算不是大量擺放，有一些小東西也不錯，像是掛在包包上、需要時隨時能使用的購物袋。擁有一輛自己的車，享受車子帶來的行動自由，而且隨著生活範圍擴大，就能擁有更多自由空間，這些都會帶來幸福感，就像小時候第一次坐公車那樣，感到無限驚奇。

像這樣，「擁有」代表我們滿足某種程度的物質慾望，並享受肉眼可見的成果，與此同時，也可以思考如何進一步豐富自己的興趣。我有一個高中朋友超級喜歡米老鼠，所有的書、衣服、鉛筆盒、襪子、原子筆、錢包、信用卡等都充滿著米老鼠元素。每當他在街上看到有米老鼠圖案的東西，就會開心大喊：「喔！是米老鼠！」甚至想買下來。多年過去，現在我只要看到黃紅色搭配的東西就會想起他。這樣的回憶仍然讓人心情愉悅。

請想一想，你是否有一個能讓你想起「真正的自己」的事物呢？這通常就是所謂的「喜好」，簡單來說就是「喜歡什麼」或「想做什麼」。無論是物質慾望還是情感需求，擁有「喜好」都是很棒的。我希望隨著你的單身歲月增長，你能更清楚聽見自己內心的聲音，了解自己喜歡的有形或無形之物，例如你喜愛的地方、你的祕密據點、能讓你釋放壓力的方法、專屬於你的工具，還有你的特色等。

我們很容易被社會設定的標準誤導，把這些規範視為我們真正想要的，並相信「我必須這樣選擇」。擔心「別人怎麼看待我的選擇」並不奇怪，因為我們已經被灌輸了一種固定思維。要是你還不太清楚自己喜歡什麼，也不用擔心。每個人的生長環境都不同，受到各種事物影響，對某些特定觀念或行為會有不同反應，這就是所謂的「慣習」（habitus）。慣習從我們開始思考的那一刻開始就與我們一同成長，所以你現在的擔憂是很正常的。這是每個人都會經歷的時刻。

社會上的主流群體所擁有的地位和習慣，把自己的文化視為符合大自然秩序。而其他人只要稍微偏離社會定義的範疇或遇到些許問題，就會感到害怕，視之為禁忌。同時，屬於同一社會的人會相互影響，環境也會產生影響。縱使處境不如他人，也會自欺欺人地認為已經適應了這個環境，甚至感到幸福。我們必須打破這樣的框架。嘗試拋出小石子：「我真的喜歡這樣嗎？」「這真的是我想要的嗎？」感受在心中蕩漾的水波吧。這樣的體驗是必須的。

當人們看到「不婚」這個詞時，會自然感知、理解並明白這並不是在告訴他們「不結婚也沒關係」的世界，因此他們可能會陷入苦思冥想和煩擾之中。即使是那些相對快速決定不婚的人，當被問及不結婚的理由，也能輕鬆給出許多答案。我們都曾聽到內心的聲音——我不會結婚。在結婚在社會中被視為理所當然的情況下，能擺脫「人就該結婚」的刻板觀念，聆聽自己，做出判斷，光是擁有這樣的經驗就已足夠。

現在，讓我們專注思考你想要的狀態和擁有的東西。進一步了解這些渴望是社會的影響還是內心真正的想法。擺脫那些無意識的習慣，審視它們是如何形成的，這是學會自我享受的第一步。擁有一些讓你快樂的東西非常重要，理解自己真正喜歡什麼、為什麼喜歡它們，以及對喜愛和熱愛事物的需求。擁有你需要的東西的樂趣在於你自己。

我的最佳人生伴侶

你有沒有看過在毛毛雨中，蝸牛從縫隙中爬過的情景？或是天竺鼠在滾輪上奔跑的模樣？你試過親手種植香草並拿來做料理嗎？或曾經在陽光普照的窗邊看過青翠的盆栽植物？如果這些情景你都見過或體驗過，那麼我們這一章要討論的「栽培」和「成長」的樂趣，你可能已經很熟悉了。

與「成長」相關的情感關鍵字包括笑、期待、幸福和愛等。在我們的一生中，會有許多「成長時刻」。當「我」成為主體，栽培了某個對象時，因為這個對象的成長和我之間的互動，我會感到快樂。在帶來快樂的對象逐漸成長的過程中，我們之間形成了相互作用，產生各種情緒，像是感激、敬畏、希望、滿足和自豪感。無論是種植物或養寵物，與這些對象的積極互動都能滿足我們的情感需求，讓我們感到幸福。

每次提到這種栽培之樂，總是會想到育兒。但難道只有育兒才能感受到那種快樂嗎？當我們掌握自己的生活，按照自己的意願做出決定，盡可能消除意外變數，即使是不婚主義者，也隨時能感受到這種栽培之樂。

植物是妝點日常的生命力

我小時候常去朋友家玩，他們家的陽臺上種滿了植物。每次造訪，我都會觀察那些植物，親手摘取果實，種下新的種子。當時拿著果實或種子時所感受到的重量，如今已隨著時間模糊。但有了自己的生活空間後，我也想買盆栽來種。以下就介紹幾種在獨自生活的家中，不需要花太多時間照顧，依然能茁壯成長的植物。

石筆虎尾蘭（Sansevieria stuckyi）是出名好養的植物，來自赤道非洲，耐旱能力令人稱奇，兩個月不澆水也能存活。與其他需要精心照顧的熱帶植物不同，石筆虎尾蘭的表面光滑，甚至有「澆水就會死的盆栽」之稱，因此不需要太多照顧。而且它不容易招蟲，可以有效淨化空氣。與白天呼吸的植物不同，石筆虎尾蘭屬於夜間吸收二氧化碳並釋放氧氣的景天酸代謝（CAM）植物，能有效改善家中的空氣品質。只需要提供十八到二十七度的適宜氣溫，放在通風良好的窗邊，避免陽光直射，就能讓石筆虎尾蘭健康茁壯地成長。

如果想要在室內營造溫馨的氛圍，而不是整個空間都被綠色占據，那麼長壽花（Kalanchoe）是不錯的選擇。它的花朵顏色明亮，能給空間增添輕鬆愉悅的感覺。長壽花有許多品種，包括紅色、橘色、粉紅色、白色和黃色，其中黃色最常見。這種植物原產於馬達加斯加，屬於石蒜科多肉植物，與石筆虎尾蘭有許多相似之處。例如它的厚葉靠近地面，能夠儲存水分，縱使土壤乾燥也能保持一定的生命力。長壽花不易招蟲，適合在室內種植。但它喜歡光線，最好放在陽光充足的窗邊，但要避免陽光直射。當溫度不低於攝氏十度時，它通常會持續開花。需要注意的是，長壽花含有一種可能對寵物造成心臟病的成分（蟾蜍二烯內酯，Bufadienolide），假如有飼養寵物的話，種植前需要仔細考慮。

對於那些認為「植物就該有大大的葉子」的人來說，養龜背芋（Monstera）會很不錯。龜背芋的葉子非常大，所以需要足夠的空間，但也可以選擇小型品種。最常見的品種是短莖龜背竹（deliciosa），如果你喜歡有紋理的葉子，可以選擇長莖龜背竹（borsigiana）。龜背芋喜歡乾燥的環境，不需要過度澆水。它不太受地點影響，只要通風良好且陽光充足，就能欣賞到更大的葉子和更多的葉面小洞。當溫度低於攝氏十度時，它的葉子會變得長而垂，因此最好在室內種植。當龜背芋出現泌液現象（葉子上凝結水珠），表示濕度過高，需要調整澆水方法，最好使用排水良好的土壤。不過，需要注意的是，龜背芋也含有對寵物有害的成分（草酸鈣，Calcium oxalate），養寵物的家庭要特別留意。

此外，還有許多其他植物具有特殊功效，像是能清除空氣中的苯、甲醛等人體有害成分的孟加拉榕（Ficus banghalensis）；能有效吸收氨的觀音竹（Rhapis excelsa）；能淨化油漆、亮光漆所產生的有毒氣體的袖珍椰子（Chamaedorea elegans），具有加濕效果與能吸收電磁波的美鐵芋（Zamiioculcas zamiifolia）等。在種植這些植物的過程中，會讓你培養出「我能種出實用植物」的勇氣。

如果想種一些適合用於料理的植物，羅勒和芝麻葉是常用作食材的香草植物，分株後葉子會快速成長。你可以買種子直接種在盆栽裡，只需給予充足日照，就能馬上種出可愛的葉子。在羅勒中，甜羅勒是經常種植的品種。將種子直接種入盆栽，大約三、四天才會發芽，所以最好先將種子放在濕衛生紙上讓其發芽後再放入花盆。看著它一天天快速成長，你能一次感受到成就和期待感。羅勒適合插枝增加數量，只需將新芽長到三、四個指節長的莖剪下，插在水裡幾天後就會長出細根，再移植到花盆裡用土壤覆蓋，羅勒的數量就會增加！插枝後不要馬上放在陽光直射的地方，最好放在半陰涼處兩到三天，讓它充分吸收水分，這樣它就會生長得很好。

如果你不一定要種好看的植物，不妨試試種蔥。先到市場選一些帶泥土的蔥，剪去底部的白色根部，種到花盆中。適當混合培養土和黏土，就能做出不易失水的好花盆。把長約一個手指的蔥根種入花盆，壓實土壤，這個步驟比較難，但一定要固定住它。澆上足夠的水後，把花盆放在陽光充足的地方，不到一天就能看到蔥根努力向上生長，四到五天後就能第一次收割。用剪刀修剪好長大的蔥根，根據自己需要使用就可以了。等根部的養分被消耗後，就會慢慢乾枯，收成約兩、三次後就要換新的蔥根了。

寵物豐富孤寂的心靈

我身邊的許多不婚朋友都對養寵物非常感興趣，原因很多：希望寵物可以成為他們心靈的避風港，感受在人際關係中感受不到的愛、支持和忠誠；另一方面，養寵物有助於減輕現代人普遍面對的憂鬱、無精打采、壓力和孤獨等情緒，就像一劑感冒藥一樣普遍有效；此外，可愛的寵物也能撫慰那些每天忙碌疲憊的心靈。除了大家熟悉且愛養的貓狗，近來越來越多人養起兔子、豚鼠、鸚鵡、蛇、鬣蜥、天竺鼠、刺蝟、烏龜等各種動物，而且也有很多能與其他飼主交流的平臺，使分享心得與尋找相關知識變得輕而易舉。

家有寵物的不婚者都一致認為，在考慮養寵物前，必須慎重思考是否具備與寵物一同生活的條件，包括心理準備和實際環境。無論養什麼動物，都需要定期健康檢查，並為他們提供適合其特性的遊樂空間。同時，飼主與寵物之間的交流與共生是一段重要的旅程，飼主需確保有足夠時間陪伴寵物，以免寵物產生分離焦慮等問題。此外，飼主也應該有一定的時間自由性和經濟實力，以應對寵物生病時等突發事件。動物無法主動告知主人自己生病，所以當主人發現時，通常症狀已相當嚴重，必須立即就醫。不幸的是，動物沒有保險，治療費用可能動輒三十萬韓元到數百萬韓元之譜。假使這個數字讓你感到壓力，養寵物可能會豐富你的生活，但也可能為動物帶來痛苦。請替自己選擇的生命負責。

說到寵物，大家最熟悉的就是狗了。牠們會送你出門，回家時也會搖尾巴歡迎，光想像就讓人開心。不過在養狗前，你需要確保自己每天都有足夠時間帶狗出去散步至少三十分鐘，一週至少四天。在散步時要有耐心，給狗足夠的時間嗅探周圍的氣味，這對牠們來說是社交的重要途徑，還要去一些大的安全場所讓牠們玩耍。假如你的狗在家裡不會大小便，那你可能需要增加每天的散步頻率。我們常看到只要飼主拿起牽繩，狗就會興奮地衝到門前搖尾巴，這就表示狗狗很需要足夠的活動量。

不同品種的狗狗也有各自的性格，飼主需要細心了解，才能更周全地照顧。小狗若長時間與主人分離，容易產生分離焦慮，常常會吠叫。大部分小狗的智商相當於人類兩歲幼童，因此常會不小心犯錯。像是主人通常回家都太晚，牠們可能會表現出異常行為，弄翻垃圾桶、撕壞壁紙、破壞地板、咬家具等。養寵物確實會遇到這些挑戰，但只要你下定決心愛護一個永遠不會長大的零到五歲幼童，你就能好好養寵物。

二〇一九年，「只有我沒有貓」這句話在韓國迅速流行，最後出現了以貓為主角的電影，以及〈只有我沒有貓〉的歌曲。貓已經成為常見的寵物。不論是長毛貓還是短毛貓，貓咪都會掉毛。如果飼主很注重衛生，介意家裡的飯菜會飄出幾根毛，或無法接受地板上時常有毛或沙粒，養貓反而會為你帶來壓力。貓喜歡舔自己的身體，飼主要很常衛生。養貓的人通常會以「執事」稱呼自己，這是因為貓需要很多照顧。貓也有很強的地盤意識，牠們不需要出門散步，卻會把家裡所有空間視為自己的地盤，也就是說，家裡的所有家具和空間都是牠的遊樂場。

貓的好奇心很旺盛，每天都想知道公仔、蠟燭、花瓶等東西從高處掉下去會怎樣，這些易碎物品一不小心就會威脅到貓和飼主的生命。要解決這些問題，飼主要準備貓會喜歡的東西和空間，例如貓抓板和貓跳臺，並確保牠能享受日光浴和足夠的垂直空間。若家裡沒有這種環境，沙發、餐桌、床和衣服就會變成牠的玩具。貓也容易罹患膀胱疾病。假使你餵食的不是天然食物，而是只含有十%水分的乾飼料，就要特別留意水分是否補充足夠。貓也和狗一樣，與主人分開過久會有分離焦慮，最好不要把牠放在家裡出去旅行好幾天。如果你是不常外出的宅男宅女，那你會是一位優秀的貓執事。

每一種動物都有自己的特性，如果你決定要養某種動物，最好先花時間了解牠們的特點再做決定。要是沒有做好事前功課，可能會遇到這些情況：比如家裡到處都被比想像中好動的兔子留下的抓痕而驚慌失措；或是焦急地提著裝有鸚鵡的鳥籠四處尋找少見的鳥醫院。若你願意讓寵物成為你生活的一部分，這證明你已經理解，牠們會把你視為全世界的重要存在，並願意克服各種困難。希望你能成為這樣帥氣的人。

也不要忘記栽培一下自己

養寵物或植物是美好的事，但在體會養育的樂趣前，別忘了先培養自己。放下成年人的理性思維，了解內心的聲音，這樣才能明白過去感到困惑的事。現代社會要求我們迅速成長為成年人，逼迫我們成熟，讓很多人都不敢對自己坦誠。想休息時覺得自己很沒用，想玩耍時，又覺得自己落後於人，對自己感到失望。如果你曾有過這樣的時刻，你必須意識到你真的對自己太嚴格了。

學習新事物，現在永遠最適合

還有一種令人愉悅的學習樂趣，就是拓展自己的能力。我們從小接受十二年的國小、國中、高中教育，再加上大專院校兩年到六年不等，共約十四年的教育歷程。然而對於「學習」，我們似乎從未真正享受其中。在我們眼中，學習等同於應付課業，答案總是固定的。如果不能在限定時間內做出選擇，就會感到前途茫茫，這種壓力怎麼可能體會到學習的樂趣呢？學習的定義不僅是獲取新知識和通識教育，還包括學習新技能、透過經驗成長、模仿他人的行為和態度。成年後，我才發現學習其實是令人振奮的事。無論是學習語言、技術、運動、手工藝還是學術知識，通常都是掌握之前不具備的能力，提升自己的技能和知識水平。

基本上，學習需要意願投入時間和全神貫注。在麥爾坎・葛拉威爾（Malcolm Gladwell）的著作《異數》（*Outliers*）中提到，要成為某領域的專家，至少需要一萬小時的訓練。「一萬小時定律」的一萬小時是指每天持續訓練三小時，每週累計二十小時，連續進行十年；或每天持續訓練六小時，連續進行五年。依照這樣的計算方式，假如我們每天投入一小時在某個興趣上，持續三十年，那麼這個興趣就不再只是興趣，而會成為專家。從興趣出發並成為專家，這不是很振奮人心嗎？

未來已經是人均百歲的時代，為了享受單身生活，拓展第二專長會極具優勢。找到並發展自己的興趣，投入其中，獲得技能，也能提升成就和自信感。這將是一段帶來新刺激的美好旅程。

記得在我小時候，不管我做了什麼，實現了什麼，與其說感受到「哇，我做到了」的喜悅，我更常覺得「幸好做到了」。所以對我來說，所有學習都帶有壓力，以至於無法全心專注，必須不斷思考這樣的學習能讓我走向哪個階段。而這些胡思亂想也會伴隨著自責等情緒，「如果做不到這件事，我就是失敗者」、「別人能做到，我卻不行，真是笨蛋」……

那時成功的人往往比我年長或經驗豐富，所以還能找到藉口。某一天，我環顧四周，發現和我同齡的人在我感興趣的領域大放異彩。把別人在鎂光燈下的光芒與我自己的生活相比後，更讓我自慚形穢，甚至無法真心祝福他們的成功。他們與我有何不同？我突然有了這樣的疑惑，然而答案卻出奇簡單。那些人都是專注於學習的過程的人，並且恰好在時代的潮流中綻放出耀眼的光芒。當我明白這一點後，所有的學習就神奇的開始變得快樂起來。

學習沒什麼特別之處，就算只是針對平常就在做的事情增加一些知識，也是一種學習。舉例來說，本來只是將看電影當作興趣，但若事先去了解拍攝電影的技巧和設備，或調查導演想傳達的情節含意、演員間的關係、劇本的背景等，就能享受到更深層次的樂趣。去美術館看展覽、去聽音樂會、看體育賽事也是如此。就算只是看體育比賽轉播，只要了解各運動項目的模式、比賽和聯賽的特點，或是每位選手的背景故事，都能感受到不同以往的樂趣。

學習並不僅限於增加知識，親自參與的融合型學習也很有趣。現在可以透過APP或社群網站找到許多「一日課程」。不只是了解美術史，還可以親自拿起筆來畫畫；不只是欣賞音樂，還可以親手彈奏樂器；不只是當觀眾看體育比賽，而是直接投入球場，學習怎麼投球，在球場上盡情發揮，刺激五感，還能學品酒、燒陶、衝浪、跳水……融合型學習不是被動地用眼睛和耳朵，而是親身參與。從興趣出發的學習過程，可以逐漸累積專業性，從而找到人生的轉折點，這樣做的人不計其數，你也可能是其中之一。

當然也會有讓人裹足不前的擔憂，懷疑：「我能做到嗎？」先說答案吧——做不好也無所謂！一直以來，我們都太習慣用成績或結果來判定學習成效，使得我們會有「必須做到好」或「做不好是不行的」的強迫心態。可是，真正的學習目的是充實自己，讓自己成長，打開對不熟悉領域的新視野，從中獲得滿足感，堆砌成我們的生活。

你想發展什麼興趣呢？學一種樂器，像是最常見、最容易接觸的鋼琴。每個人在小時候都曾試著按下八十八個鋼琴鍵，還記得那種感覺嗎？坐在鋼琴旁，打開筆記本，手指彎曲成雞蛋形狀，然後優雅地彈奏鍵盤，彷彿一個個小豆芽在我們的手指下消失。

如果你喜歡有活力的興趣，推薦你試試「終極飛盤」（ultimate frisbee）。玩法很簡單，就是互相扔接飛盤。規則易懂，活動量大，能帶給你充分的滿足感。而且這項運動不像其他戶外運動那樣受場地限制，也不需要高超的技巧，就能輕鬆地享受樂趣。

如果你對手工藝有興趣，皮革或木工會是不錯的選擇。最近有很多兩到三小時的體驗課程，可以製作自己的零錢包或杯墊，建議你參加看看這樣的沉浸式體驗，讓自己更深入了解手工藝的樂趣。

學習語言也是非常愉快的。雖然我們在學校學了十二年的英文，但能像閱讀和聽力一樣流利口說的人並不多。語言直接關係到拓展我們的基本能力，若能說其他國家的語言，就能輕鬆地獲取更多知識，拓寬視野，更深入地理解這個世界。

此外，如今新媒體蓬勃發展，你也可以學習影像剪輯技術。過去，影像剪輯是專業人士的領域，但現在任何人都能透過平板電腦或手機輕鬆拍攝影片和照片，製作出完整的影像作品。只要稍加學習，就能零成本製作出比專業人士更有感覺的影片。一旦熟悉影像製作，還可以經營個人媒體。即使你不打算把個人媒體當成賺錢的職業，但它會是一個不錯的存放處，記錄你人生的珍貴時刻。

學舞蹈如何呢？舞蹈是極具魅力的藝術形式，能透過身體表達想法。現在也有很多舞蹈課程可選擇，讓身體投入其中，能帶來高度專注和愉悅感。其實許多人都想學舞蹈，卻害怕自己看起來笨手笨腳。不過，與你的想像不同，當你隨著節拍開始舞動，那份刺激會讓大腦受到啟發。

想學習更實用的東西嗎?當我決定選擇不婚時,我對培養理財和經濟能力變得很感興趣。因為我希望在生病時有個能讓我安心休息的地方;飢餓時也有能力買我想吃的東西。你可以學習各種投資方式,例如研究股票、財務報表和企業分析,或學習房地產以找到穩定的居住環境,甚至可以學習拍賣來進行主動性投資等。如果這些都讓你頭昏眼花,那每天早上仔細閱讀一則經濟新聞也是個好方法,可以熟悉經濟觀念。

此外,你也可以了解節約的技巧,像是學習修理房屋或使用各種工具。當門把變老舊時,要取下沒有鬆動的螺絲釘是很麻煩的,但這可以用螺絲取出器輕鬆解決。不過,假設你從未打開過工具箱,可能會因為工具的陌生名稱而感到困惑。另外,釘牆安裝層架或掛鏡子時,可能會遇到釘子缺乏支撐力而掉落的尷尬情況。這時,很多人會想到使用金屬膨脹螺絲。不過,在水泥牆上,塑膠膨脹螺絲和金屬膨脹螺絲的效果是一樣的。只要掌握這些簡單的知識,就能獲得生活所需的實用技能。

不管怎麼說,有些人可能認為現在開始學習新事物已經太晚了,但事實上,現在才是最佳時機。隨著年齡增長,我們的生活會變得越來越豐富,但同時在學習新事物時也許會不得不放棄一些現有的穩定。此刻,讓我們擺脫學生時期的填鴨式學習。無論學習任何類型的知識,都能改善生活。

英國小說家多麗絲・萊辛(Doris Lessing)在一九五〇年代代表了「憤怒的年輕人」,她曾這樣說：「這就是所謂的學習，你突然意識到你用一種全新的方式理解了自己的生活。」學習就像是尋找隱藏的寶藏，建立自己的烏托邦。每次發現一塊名為「經驗珍珠」的寶藏，都會為你的人生旅程增添無窮的快樂能量。

自己動手做，身心靈都滿足

當你學習後，用腦力去理解，用身體去實踐，現在是該享受成果的喜悅時刻了。從最基本的自己動手做（DIY）開始吧！進行計畫，激發無盡的創意，建立群體關係，就能激發活力。首先，創造與成就感密切相關。

在前面提到的學習過程中，有些活動自然會帶來成果。人類的基本需求包括飲食、睡眠和排泄。做料理是能夠立即看到成品的活動，而且這些成品能滿足人類的基本需求之一。你可以挑選喜歡的食材，評估食材的份量，根據自己的口味調味，調節火力強度，同時還能學到過去不知道的事，例如在做義大利麵時要使用初榨橄欖油，做甜味調味料時可以放入糖漿或梅子濃縮液增添風味等。這些小技巧累積起來，每個人都能成為料理高手。

隨著不婚的單人家庭日益增加，外食族或隨便應付一餐的情況比我們想像的要多。理由各有不同，像是覺得一個人吃不用太認真，或是小廚房難以料理。可是，親手製作食物是很特別的體驗。

讓我們想像一下，迅速將新鮮食材料理成美味的菜餚，擺放整齊的餐具，然後坐在餐桌前拿起筷子的那一刻，能感受到被照顧和享受生活的悠閒感。

要是你手巧，不妨嘗試看看陶藝或皮革工藝，親手製作出實用的皮帶或皮包。學習木工、親手打造家中的家具也是我的夢想。儘管這些看似遙不可及，但其實有很多兩到三小時的工作坊課程可供選擇，結束課程時就能當場帶回完成的作品。

想嘗試更具生產性的事情嗎？你是否曾經被某項活動迷住過呢？以前許多人玩過Dreamweaver或JavaScript，甚至架設過網站。在論壇插入ＨＴＭＬ命令並創造自己的標籤也曾風靡一時。如今，程式設計已經納入國小課程，你或許對這個詞感到陌生，但實際上程式設計早已融入我們的生活。

假如覺得開發龐大的ＡＰＰ太困難，可以從經營部落格開始。透過添加標籤，打造展示自己生活的網站，慢慢地發展。萬一你不知道如何開始，可以到YouTube搜索免費的程式設計學習相關影片。這個世界上有許多人都樂意分享自己的知識。先簡單嘗試，拉近你與程式設計的距離，至於要寫什麼東西，之後再考慮也不遲。

如果你擅長演奏樂器或跳舞，也能體驗到超越有形資產的樂趣，創造時空的興奮是令人振奮的。無論別人怎麼形容上臺的興奮，都不如親自站上舞臺感受。然而，享受這種快樂需要一點勇氣。企畫演出、租借場地、吸引觀眾的過程並不容易，但只要有心就能做到。此外，有許多演出地點，而且尋找文化演出的人也比想像的多。要是現場表演讓你感到很有壓力，進行線上表演也是一個好方法。隨著數位時代到來，藝術的範疇變得更廣，更深。無論在哪裡展現自己，試著超越過往的價值，打破限制吧。

人類不斷創造事物，這讓我們感受到自身的價值。從新的體驗中培養想像力和創造力，是豐富生活的調味劑。實際上，展現自己的「狀態」是對自己的信心。一旦你展現真實的「自我」，就會感到滿足。自己或他人認可自己的能力有助於情緒穩定。此外，除了體驗沒有固定答案的創造過程，還能自己建立認知框架。人從一出生就生活在社會設定的框架中，多數人在「原本就是那樣」的無形框架下，追求變化，並從社會允許的觀點思考。雖然在任何規則或框架中創造出符合標準的結果是有意義的，但有時候，自己創造出規則本身的經驗比任何事都更重要。

你是否曾有這樣的體驗？例如，為了玩醫生家家酒拆開玩偶的肋骨，再重新縫補好；或將兩箱樂高積木混在一起，創造出說明書上沒有的建築物。打破規則和框架會帶來難以言喻的樂趣和淨化作用。充滿創意的想像力創造了古典音樂史上被稱為現代音樂的不和諧音樂，無論是哲學、科學、醫學或法學，大部分學問都是從某種無秩序中的一個問題展開。長久以來存在於我們社會的傳統、習俗、文化、法律和制度等，是考慮到那些理所當然的無形環境因素之下，某人的想法，也是人們達成共識的成果。

每個不婚主義者都曾感受過擺脫固定框架的自由。我們付出了無窮的努力，以擺脫每個人被迫走上的人生道路，徹底地獨立。走在新拓的道路上，為自己的方向標上座標的你，已經在創造自己的生活路線。擁有內在動機，並做出自信的選擇，將方向具體化的人，會像中毒一樣不斷創造出某種結果。

要成為指揮自己人生的指揮家，塑造自己理想中的形象，首先要好好地塑造「自我」。你必須保留時間思考自己喜歡什麼，這有助於了解自己真正的喜好。暫時停下腳步，給自己時間思考絕對不是浪費時間，而是必須的過程，讓你不迷失方向，繼續前進。

我創立了不婚生活共同體，是因為覺得有必要把和我一樣的人聚在一起，建立互助的基礎，產生協同效應。我以共同體的名義把各地散居的獨立個體聚集起來，建立了組織體系、做規畫，讓共同體成為團結的群體。雖然成員不是所有事都一起做，但我們之間已經有了緊密的情感連結。我深信，藉由不婚生活共同體的名義，我們時時刻刻都彼此相連。這給了我勇氣去面對不婚的選擇。過去，我總是感到和世界疏離，覺得自己是個異類，直到我下定決心建立起這樣的共同體後，我的生活才變得平靜。在創建共同體之前，我有過很多擔憂，可是一旦付諸實踐，我的心情變得舒暢許多。

每個人在社會的環境和規範下形成自己的認知，所以很難意識到那些像空氣一樣存在的框架，其實是由某個人或組織的思考和提問所形成的。關鍵是我們如何客觀地看待現實，擺脫「原本就是那樣」的框架，逐一創造美好的生活元素。無論是什麼，我希望你一定要親身參與，親自體驗成果。

你不是獨自一人，我們可以一起前進

在人類社會裡，不可避免地需要與人互動，尤其現代社會變得更加複雜。儘管單身生活可能很舒適，但並不意味著要完全孤立自己。不婚生活是獨立生活，而不是斷絕所有關係的自我孤立宣言。大多數不婚者會以單身家庭的形式生活，但這並不表示所有過程都是孤立的。

隨著對不婚生活的興趣和肯定態度逐漸增加，越來越多人宣告「我選擇不婚」。對不婚社群的吸引力也持續提升。其實，不婚者的聚會和普通社交聚會並無二致。我們會一起烹飪、分享美食，互相幫忙修理房屋，打發時光，和常常一起跑步的朋友見面，共同慶祝特別的日子，回憶過去的美好。不婚者同樣需要能分享日常生活的人際關係。人類是社交性動物，希望和他人分享時間和空間是再自然不過的。在學習的時候，我們一起學習；在創造東西的時候，我們一起動手，並在其中分享成果，藉此培養豐富的社交能量。

有些人建議大家成為獨立自主的人，不依賴他人生活。但與這些建議相反，人們其實需要情感上的支持。回顧過去，只要有一個人無條件支持你，你就能感受到生活的安定。小時候，我去親戚家和堂弟玩，我們一對上眼，不想分開的念頭就讓我們分別跑到自己的母親面前問：「我們什麼時候會回家？」兩個孩子都很期待在一起能玩得多開心。這種情景並不陌生，而且生活的穩定感會因為你是否有一個想與你一起生活的人而有所不同。

可是社會一直教導我們，只有在不可分割的特定對象身上才能感受到那份穩定感，彷彿那是真理。使得我們以為非得建立短則二、三十年，長則四、五十年或更久的「一對一關係」。不過，隨著我認識許多不婚人士，感受到人與人的相遇變得更多元，打破了過去我從社會看到的人際關係刻板印象。我們就算不以「婚姻」型態結合，照樣能建立許多美好的關係。打破這個長久以來認為理所當然的框架，讓我們體驗到更豐富、有趣且愉快的人生。

即使是非常依賴他人的人，一旦選擇不婚，往往會找到更靈活的人際關係，並習慣專注於自身而非他人。神奇的是，當你能夠享受與自己相處，也會使你的人際關係更輕鬆愉快。我希望獨自生活的人能一起形成更有生產力的關係，這也是不婚生活共同體的目標。在這裡相遇的我們就像朋友一樣，雖然沒有任何血緣關係，也不是來自同一個故鄉或學校，但只要想在一起，隨時都能找到對方，形成了不婚人士的社會網絡。許多人擔心一宣布不婚就無法建立這樣的關係，我想告訴這些人，請不要事先害怕未知，勇敢行動吧。

我能肯定的是，你會在越來越多場合見到不婚人士。我自己參與過或現在正經營的不婚生活共同體，就是以多種形式建立人際關係，確保彼此見面的機會。在新冠疫情時期，無法輕易「接觸」的情況下，我們也努力創造了不同型態的見面機會。看到共同體的人每天有著不同的發展，彼此確認共存的模樣，也是生活的樂趣。而且，儘管你與越來越多不婚人士建立關係，也無需放棄過去的友誼。彼此都專注於創造對雙方都有正面影響的相遇，這樣的人生是幸福的。

A. 每月一次，一起共讀一本書，在社團或透過視訊會議見面，以不婚人士的角度交流對世界的看法，進行討論。
B. 有時不那麼緊密的關係反而能輕鬆說出心聲。陌生人間以「不婚」為主題，偶爾聚會交流。
C. 和年齡相仿、能達成社會共識的不婚人士共享興趣、愛好、時間與空間。建立一個商業網路交流平臺，根據感興趣的主題，讓不同領域的人建立人際關係網。
D. 在節日或有特別活動時，分享美食與溫暖的祝福，度過建立互信關係的時光。
E. 為了能共享具體目標與願景，主動參與，並分享結果的正面效果。

聚會的選擇多不勝數，其中讀書沙龍是輕鬆又易於參與的靜態聚會。透過讀書沙龍，我們能分享自己的想法，視野也會因此擴展。

如果你決定過不婚生活，你可能會對理財和培養經濟能力感興趣。對一個人來說，摸索股票、基金、房地產、拍賣和保險等領域可能很難，因為這些領域有龐大的資訊量和緊迫的時間壓力。但如果能和其他人一起交流，就能更有效率且輕鬆地理解這些資訊。

我們還可以一同享受藝術與文化的樂趣，一起欣賞電影或表演後，深入探討作品的意義，並針對其中不明確的部分提出個人見解。在聚會中，我們會花約一小時整理自己的想法，然後進行意見交流。大家對此反應非常熱烈。這樣的聚會不僅讓我們能欣賞作品，還能一同參與創作。由於彼此價值觀相似，因此能共同思考作品的方向性，討論其中困惑的部分，享受尋找答案的過程。

要是條件許可，旅行聚會也是很棒的選擇。你們可以一同出發，或約定好目的地，白天各自遊玩，晚上再聚在一起。當然也可以反過來安排，按照自己喜歡的方式去冒險，這將會是一段全新的體驗。

在這種關係中，最重要的是放下執著。當我們需要彼此，就在各自方便的時間和地點相聚；而需要獨處時，分開也不會感到不安。越是保持彼此之間的適當距離，越能建立有機的關係。當具有不婚價值觀的人聚在一起，就不必害怕未來只剩下自己一個人回味此刻。在彼此間有基本信任的情況下，我們可以根據相同的興趣細分成不同的群體，從而無限延伸出各種聚會的類型。

儘管目的不明確，人類從人際關係中能獲得正面體驗，提升自我滿足感。當然會有些人覺得很困難，但我可以向你保證，這並不是你的問題。這個世界的構造就是這樣形成的。我們經常被迫在對與錯之間做選擇，與那些捉摸不清的他人建立正確的關係比想像中更難。你或許認為你所正確建立的關係，會因一時的失誤突然崩塌，但反過來，你付出較少心力經營的關係卻出乎意料地維持很長一段時間。

許多人對面對面社交感到不太自在，但隨著數位媒體普及，人們迅速進入了「不受干涉」的隨時在線狀態。這一代人比起打電話更習慣使用通訊軟體，比起發簡訊，更熟悉社群網站的私訊。因此，很多人對於面對面建立關係感到尷尬與害怕。不用擔心是不是只有我這樣嗎，其實有很多人都有同樣的感受。

在這樣的世界裡，我們還有必要建立現實中的人際關係嗎？當然，我們可以透過各種方式，認識各種能帶來正面影響的人。像是通訊軟體，不僅能讓你為遠方的朋友加油打氣，也能保持聯繫。十多年前，網路上的關係或許還被視為「不存在的虛擬對象」，但如今，線上與實體的界線早已模糊不清。所以，如果你對於走出家門、與人交流感到猶豫，不妨先從網路開始。透過聚會型的交友軟體，尋找那些能與你產生共鳴、擁有相似價值觀（例如不婚理念）的朋友。當你還在猶豫時，那個充滿可能與驚喜的新世界，已經在等待你了。

我有一個你可能會詫異的建議，就是不要過度好奇對方的年齡。無論身處哪個群體，韓國社會往往以年齡來評斷他人，年長者可能覺得比自己年輕的人「一無所知」，而年輕人則可能輕視年長者，認為對方「太老了」。這樣的現象屢見不鮮。或許你會自認為「我不會這樣看人」，但若長期在韓國社會生活，不自覺間也會受到這種文化的影響。

儘管這在韓國社會可能不太常見，但我希望我們能將彼此視為純粹的「人」，而非只看重年齡。每個人的生活經歷都是獨一無二的，會根據各自的人生經驗，擁有獨特的思考和方向。如果能擺脫對年齡大小的束縛，就能打破與人交往時的隔閡。當你不知道對方的年齡，然後驚訝地發現對方的聰明才智時，你可能會說：「哇，你這個年齡怎麼這麼能幹」、「你這麼年輕怎麼這麼有見解」、「我還以為我們年紀一樣，沒想到你有這樣的經驗」。我經營不婚生活共同體，認識了從二十代到四十代不同年齡層的人。在這裡，我們不會詢問別人的年齡和過去，而是透過實際見面時的互動來互相理解，建立真摯的關係，超越年齡的成見。

再多嘮叨一句，要是能將那些不受年齡限制的他人見解分享給其他人，你的人生也會更加廣闊。

生活中遇到的所有人都是你的導師，也是你要指導的對象，無論他們是好人、壞人、你能理解或不能理解的人，關鍵只在於是否與你適合而已。你的生活穩定與否、是安心或緊張，都取決於身邊有什麼樣的人。因此，我們應該擁有識人的眼光，把與自己頻率相合的人放在身邊，有時也需要調整自己的頻率，與你想在一起的人保持聯繫，不斷實踐健康的相處方式。請你仔細思考，什麼樣的人適合你，你想要的是怎樣的人。

Hi、hello、Hola、こんにちは、你好、안녕。就像在異國結交新朋友一樣，用一句簡單的問候打開對方的心扉。縱使是在日常生活中認識的人，你也可以放慢節奏。人類學家羅賓・鄧巴（Robin

Dunbar）指出，一個人最多能維持關係的人數是一百五十人。換句話說，你在溝通和交流方面，最多能與一百五十人保持連繫。不用擔心是否非要填滿這一百五十個名額，也不必因交友數量不超過一百五十人而自我質疑。如果你的人際關係有限，那就要有一雙敏銳的眼睛，辨識出誰對你真心好、誰是合得來的朋友，誰與你能夠互相促進，然後與他們愉快地相處。在這個過程中，你會更了解自己的界限，並在這些界限內填滿你所選擇的人際關係。

不害怕憂鬱，也不忽視憂鬱

這個社會似乎為了愛情而瘋狂。音樂網站上的排行榜前一百名歌曲幾乎都圍繞著愛情打轉。打開電視也會看到各種場景中，無論是醫院、學校或辦公室，都在上演超越我們想像的愛情故事。這些看似不同的故事其實都有相似的元素。此外，電影院播放著各種愛情電影，網站上也充斥著戀愛的廣告，像是「約會路線」、「約會必去」等，似乎世界的一切都是為談戀愛而準備的，簡直可以稱為「戀愛共和國」，這難免讓人產生「戀愛最棒了」的錯覺。

以想談戀愛的人為對象的交友軟體市場，每年都呈現倍數成長，到了二〇一八年，市場規模已達到兩千億韓元（約四十八億臺幣），這個數字真令人吃驚。由此可見，戀愛似乎成為人人追求幸福的途徑，戀愛在幸福人生中不可或缺。

然而，戀愛共和國也似乎在無情地排斥不談戀愛的人，從「母胎單身」開始，再嚴重一點會被戲稱為「戀愛白痴」，甚至還會毫不猶豫地用這樣的詞來貶低自己。像是「戀愛細胞」這個詞，簡直是把戀愛視為人類生存的必要元素。當今社會似乎將戀愛視作生活中不可或缺的一部分，如果不談戀愛就好像沒有活下去的價值。

不久前，我與一些國中生見面，發現他們長大後的夢想全都與「戀愛」有關，他們才剛滿十四歲。當然，想愛人和被愛的渴望並沒有問題，每個人都希望成為某個人心中的重要存在。然而，在這個把愛情視為不可或缺的社會，那些偏離常態的人們很可能會被忽視掉。

媒體塑造的愛看似豐富，實際上高度雷同。在異性之間，九成九的關係都被歸類為愛情。然而假如看看周遭，會發現愛不僅限於愛情的範疇。現在，讓我們重新思考一下本質的問題——什麼是愛？你曾經認真思考過愛以及愛的對象嗎？根據社會灌輸的愛情觀，非常愛寵物的人只要不談戀愛，就是「不懂愛」嗎？當今社會所呈現的愛與戀愛之間，可能存在著非常諷刺的一面。愛情不僅限於異性之間，還有其他形式的愛，例如同性戀愛、愛某人但不想談戀愛、愛寵物的人、愛朋友的人等，他們拓展了愛的範疇，（看起來）不談戀愛的人並不是不懂愛情的傻瓜。可是社會灌輸異性戀的價值觀，導致許多人無法擁有「多樣愛情的選項」。這實在令人悲傷。

在這個認為戀愛是理所當然的社會裡，當有人表示「最近很憂鬱」，其他人往往會給出最常見的回答：「是因為你最近沒談戀愛吧？要介紹不錯的對象給你嗎？」在這種社會觀念中，愛情被等同於戀愛；憂鬱被視為沒有談戀愛的結果；談了戀愛就會獲得愛，就會好起來的邏輯成為主流。

前面已經分析了，不談戀愛的狀態不代表不處於「愛」的狀態。可能是愛的對象不方便告訴他人，或是被人認為「那算什麼愛」。通常在決定不婚後，身邊的人都會擔心「未來會不會變得很憂鬱」、「不會覺得孤單吧」，不談戀愛、不與某人建立特別關係就一定會憂鬱嗎？

有一項關於憂鬱症發病機率的有趣研究結果，針對有丈夫與子女的女性、單身女性、有妻子的男性、單身男性做調查，結果令人意外。大家原以為單身女性發病率最高，但實際上，有丈夫與子女的女性發病率最高。這當然反映了不同的社會、文化因素，不過其結果說明了獨自一個人就會憂鬱，或者與人在一起就不會憂鬱，完全是一種偏見。讓我們再來看另一個統計數據。以下是韓國健康保險審查評價院發表的韓國憂鬱症診療人口結果。

我們可以看出，憂鬱症的患者數量每年持續增加，且患者的年齡分布均勻，從二十歲到老年都有。統計顯示，五十代的人占了最高比例，但這只是接受憂鬱症治療的人數。十代到二十代的人由於經濟條件等因素，很多人無法接受治療。也許這是考慮到這一點，才認為憂鬱症患者在各種年齡層中平均分布。然而，我們可以看出與家人一起生活的四十代到六十代，患病率高於單獨生活者。僅從這統計數據來看，很難得出「憂鬱是因為一個人」的片面結論。

實際上，憂鬱症的成因是很多，寫出來都能寫成好幾本書，大致可以分為生物學、遺傳和社會心理學三方面。生物學方面涉及大腦的化學變化、賀爾蒙異常和神經傳遞物質異常等；遺傳方面，許多家庭研究結果指出憂鬱症可能也有遺傳因素影響。

最後則是社會心理學的因素。簡單來說，這個因素包含過去我們認為的大部分憂鬱症病因。每

2015～2017 年韓國憂鬱症診療人口數

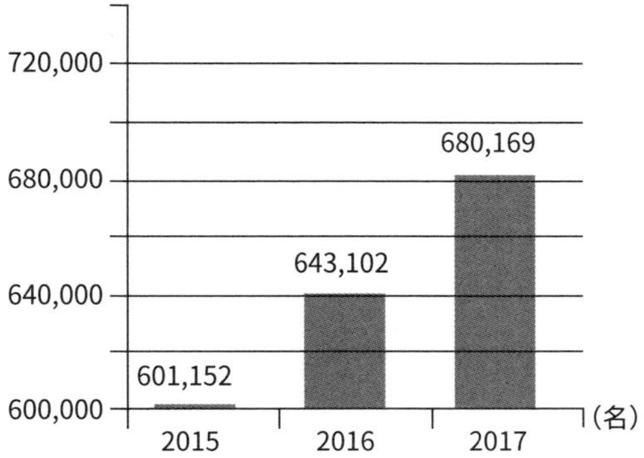

2016 年韓國憂鬱症患者各年齡層占比

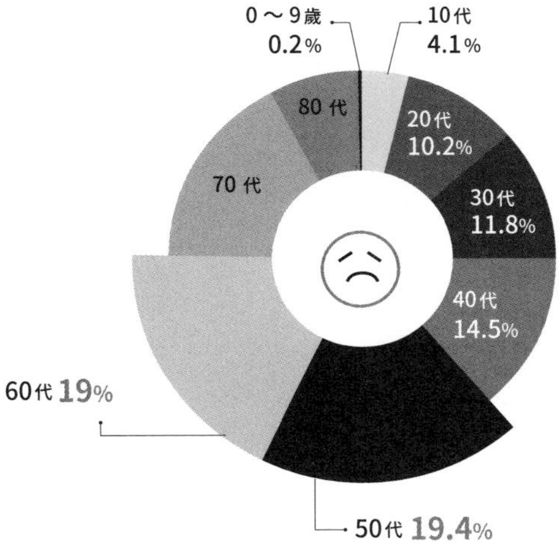

個人的憂鬱程度和原因都是不同的。如果你感到憂鬱很嚴重，一定要尋求專家的幫助，並且客觀地了解自己的憂鬱程度，並思考造成這種情緒的原因，以及如何看待和處理它。憂鬱不是僅靠談戀愛就能解決的。

該如何了解自己的憂鬱程度呢？首先，細心觀察是否因憂鬱而造成生活的困擾，最常見的症狀包括睡眠過長或失眠、食慾不振、無法正常上學或工作，以及專注力低下等。假如這些不適感持續兩週以上，建議尋求專業機構的幫助。特別是如果有自殺行為、自殺衝動，或曾嘗試過自殺，請立即前往專業機構，別拖延。現在有許多專業機構，像是心理諮商、身心科診所等，可以根據自己的年齡和居住地點選擇適合的機構，近來推薦資訊也越來越多，很容易查找，可以搜尋相關文章中提到的機構，或直接上該機構或醫院的官方網站預約電話或線上諮詢。

若你還沒有達到非常嚴重的程度，那麼應該思考一下導致憂鬱的原因。有些人可能是有規律地出現憂鬱情緒，有些人則是因為特定情況或特定人所引起。了解憂鬱的根源是找到解決方法的關鍵。我知道這並不容易，但請試著仔細分析一下。你可以寫下一份憂鬱清單，翻閱過去的日記了解自己的情緒模式，並找出該模式的起因，也可以和你信任的人坦白分享自己的心情。在交談時要注意，不是單純把自己的負面情緒傾訴給對方，而是正確地描述情況，尋求建議，並持開放的態度面對。隨著憂鬱情緒持續越久，找出原因會變得越困難，因此必須努力為自己找到解決方法，靈活運用心靈的房間，尋找自我，照顧好自己。

你的情況可能比實際更嚴重。前面我們了解了這個社會如何對不適應現有框架的人造成壓力，因此，你可能並不是真的患有憂鬱症，而只是因為某人或某種情況而讓情感被放大。這個「某人」可以是別人，也可能是你自己心裡的另一個自我。有些人就是因為不談戀愛而覺得很悲傷，但這並不等於患有憂鬱症。此外，誤判情緒的情況也很常見。換句話說，有些情緒不是憂鬱症，而是把那種熟悉的情緒誤當成憂鬱症。例如最近工作繁忙，身心疲憊，心情低落，便認為「我好憂鬱」。除此之外，也許你想對某人生氣卻不能表達出來，於是轉而攻擊那個發不了脾氣的自己，將那種情緒視為是憂鬱症。像這樣，當我們沒有明確地察覺自己的情緒時，很多時候只會關注那些我們熟悉的情緒，如憂鬱、焦慮和憤怒等。

雖然我寫了許多有關憂鬱的文章，但其實沒有人的生命是完全免於憂鬱的。我也曾努力追求幸福的人生。但奇怪的是，越追逐幸福，反而越不容易感到幸福。過於在意追求幸福，會讓我連好事發生時都會自問「我現在幸福嗎」。對於幸福這個詞，我思考了許久，仍沒有找到明確的答案。人生一定要追求幸福嗎？萬一人生只剩下一週時間，前兩天可能覺得還不錯，第三天可能會有些馬虎，剩下的兩天可能會感到疲憊。這就是人生吧。

如果以我的一天來看，我會因為上司惹我生氣而想把辭呈扔到他臉上，但又因為午餐很好吃而勉強撐到下午。下班後和朋友一起喝啤酒，高喊著：「我活著就是為了這種爽感！」這不就是人生嗎？當然有些人在日常生活中找到了幸福，細細品味著成長的過程。看到我也很羨慕這樣的人。然而，當我試著尋找這樣的幸福時，並沒有因此帶來更高效或更幸福的生活。閱讀這篇文章的你，一定也有自己心中的幸福標準。

讓我們問自己一個問題：「憂鬱到底有多糟糕？」不用認為憂鬱是負面情緒就非得把它完全消除。憂鬱當然是一種需要妥善處理的敏感情緒，但有時候，值得思考的是：「為了消除這種情緒而費力，對我的生活有幫助嗎？這麼做對我有幫助嗎？」偶爾對內心深處湧上的憂鬱說一聲「喔，你又來啦」也是不錯的。如果感到憂鬱，就大聲吶喊吧，「憂鬱又怎樣？這是很正常的。」

享受孤單，其實很快樂

很多人會混淆憂鬱和孤獨這兩個詞，所以我們有必要清楚了解兩者的正確含義，並將它們區分開來。這是因為憂鬱和孤獨的成因和結果是不同的。因此，在尋找解決方法時，需要分開思考這兩者。

根據字典，孤獨的定義是「獨自一人時感到苦澀」，而憂鬱則是「感到憂慮或鬱悶而無精打采」或「伴隨著反省與空想而出現的輕微悲傷」。兩個詞的含義截然不同，為什麼它們常被混淆呢？前面也提到過，大多數情況下是因為「感到孤獨可能導致憂鬱」，這種說法並沒有錯，因為孤獨感會增加憂鬱的風險，因此我們可能會問自己：「我不能讓自己孤獨，那我該和誰見面嗎？」答案是「Yes」。有些人可能會質疑，剛才我才說依賴他人去解決憂鬱是危險的，為什麼現在又同意應該與人見面呢？但要是你仔細觀察，就會發現我們所提供的選項其實非常有限。是的，與人見面並不代表能立即建立一對一的深層關係。

有一項研究探討了人們對孤獨的看法，其結果相當有趣。ＢＢＣ和三所英國大學的學者聯合對全球五萬五千人進行了網路問卷調查，調查主題是孤獨。這份問卷揭示了一些值得深思的結果。首先，和韓國社會所想的不同，感到孤獨的老年族群並不多，僅有二十七％的七十五歲以上老人經常感到孤獨，反而十六到二十四歲的年輕人中，有四成經常感到孤獨。更有趣的是，當人們被問及何時感到孤獨時，不分年齡都異口同聲回答：「年輕的時候」。

這表明孤獨是否存在與你身邊是否有人並無必然關聯。因為十幾、二十歲的人有許多社交機會，相對容易建立新的人際關係。研究目前還在進行中。孤獨貌似是一種負面情緒，但有四十一％參與研究的人對孤獨持肯定態度，表示因為感到孤獨，所以努力交新朋友，從中獲得動力。我們普遍認為缺乏社交能力、看起來某些方面有所不足的人容易感到孤獨。可是，孤獨和社交能力高低並沒有太大相關性。綜合這項研究來看，孤獨與否是主觀的，無論身邊的人多寡，都不會因此產生負面影響。此外，感到孤獨的人中，有很多人社交能力很好，容易與他人產生共鳴。因此，人們感到孤獨，並不是因為身邊有沒有人、缺乏社交能力或共鳴能力。

人無法獨自生活，尤其在現代更是如此。每個人都成群結夥，開心地過日子，只有你與人疏遠，就會加劇孤獨感。請回想你的小時候，如果有一個你不太感興趣的活動，但因為朋友都參加了，你也會突然感到很孤獨吧。每個人都一定經歷過這種情況。人天生就有「歸屬需要」（belonging needs）。在部落社會時代，人們必須團結在一起才能面對生存的威脅。不過，學者所說的社會需求

（social needs）並不僅限於此。如今的我們超越了生存的層面，開始渴望團體的認同，從而感受到幸福、滿足感和自我效能感（self-efficacy）。這類滿足感和安全感讓我們敢於迎接新的挑戰，成為不斷前進的動力。換句話說，如果你過著與人互動很少的生活，就很難感受到幸福、滿足感和自我效能感。

我們之中，有人會說「啊，去一堆人的場合好累，好無趣，累死了」，或說「我很內向，最喜歡待在家裡。」但我們常說的內、外向與一個人是否要建立社會關係、願不願意建立社會關係並沒有太大關連。

網路對「內向人」的形容大多帶有嘲笑意味，認為他們只想待在家裡，連話都說不出口。反之，「外向人」則被形容成和任何人都相處融洽，不管到哪都是帶頭的老大哥、老大姐，永遠活力充沛。可是，我們不能用單一面向去評價與定義一個人。內向與外向的差異只是「能量水準」與「能量方向」而已，不能用來說明某人的關係型態。也有內向人喜歡與人溝通，建立關係；也有外向人會對關係感到疲憊或無趣。所以，請不要用「我是內向人」或「我是外向人」來定義關係型態。

如果你不喜歡與人交流，正經歷人際關係困難，原因並不僅是因為內向、性格反常或不擅社交，很可能還有其他原因。要找出真正的原因，就必須回顧自己的交友模式，確認是否合適。也許你結交了太多朋友，或與他們見面頻率過高、時間太長，這樣自然會讓你覺得吃不消。另外，假如對方的能量水準和方向與你不同，也會讓你感到疲憊。比如，你喜歡小規模室內聚會，卻突然參加了大型戶外活動，當然會覺得吃力。此外，人際關係中的剝削現象可能是雙向的，也可能是單向的。通常我們認為剝削是涉及金錢或暴力的行為，但其實剝削他人的時間和情感也很常見，這是一個不能忽視的事實。因此，你需要仔細分析自己的交友模式，考慮這些因素，找出可能導致困難的地方，進行修正。

建立信任和支持的深厚關係當然很重要，但淡如水的淺交也有其價值。「弱連結的力量」（strength of weak ties）是美國史丹福大學社會學教授馬克・格蘭諾維特（Mark Granovetter）在一九七三年發表的論文。他指出：「我們從不親密的人那裡得到實質幫助的機率，大於我們認為情誼深厚的家人、好友或戀人。」這篇論文的研究結果顯示，透過弱連結、強連結與中等連結找到工作的人的占比分別為二十七・八%、十六・七%與五十五・六%。

在日常生活中，我們經常看到很多弱連結的存在，例如擁有同款汽車的同好會、某地區的大樓住戶聚會、子女就讀同一所學校的家長聚會等。這些關係雖然不太可能影響到就業，但在韓國社會，人們經常透過弱連結進行利益交換和情感交流。起初大家聚在一起可能是因為共同的汽車、大樓相關資訊或子女的學業情報等，但一旦建立起關係，就會開始交換許多其他資訊。我們可能忽視了這一點，但事實上，人們會以各種形式聯繫在一起，並不斷創造出新的價值。

孤獨與否，最終取決於你擁有多少有意義的人際關係。這些關係不僅限於傳統的血緣家庭、異性戀或婚姻對象。單身生活是其中一種獨自開拓生活的方式，並不表示完全斷絕所有人際聯繫，也不代表脫離社會。隨著生活階段的轉變，身邊的人際環境也會自然改變。每個人根據自己的生活方式，不斷建立新的人際關係，同時也可能疏遠過去的關係，這是很正常的。

當然，目前社會對單身生活的認知還不夠深刻，有時會受到已婚人士的刻板印象影響。然而，隨著單身家庭增加和生活方式多樣化，單身已不再是少數人的特殊選擇。你的身邊肯定有許多不婚的人。建立起不婚者之間的連結，可以讓你更有勇氣、更積極。也許就有個正在等待朋友之手的不婚人士，會樂於與你攜手同行。選擇在這個社會不結婚已經是一項挑戰。因此，請你要更相信自己，快樂地融入新的關係，它會帶給你幸福。直到有人問起「不結婚會感到孤獨嗎？」你能開心地回答：「一點也不！」

我不是一開始就決定不婚

我們迄今都在思考如何處理憂鬱、孤獨等情緒，尋找解決方法，並了解如何找出適合自己的事，以度過幸福的生活。現在，我們能更深入審視不婚生活中會遇見的各種情緒了。獨自一人的生活可能平靜無波，也可能因外部的小挫折而產生波濤。要過不婚生活，必須懂得適當地避開外界的意外困擾，偶爾還需要學會反擊技巧。

你可能會想「啊，不婚生活真是充滿挑戰」，但除非社會觀念像魔法般一夜改變，否則我們只能接受現實。

要怎麼樣才能不那麼累地解決這件累人的事呢？當聽到有人不經思考說出的話，讓人感到厭煩、煩躁與倦膩。你現在腦海中也想起了一些話吧。那麼請思考一下，那些人為什麼總是沒有惡意地（假設他們沒有惡意）對他人說出那種話呢？

我並不是一出生就決定不婚的，反而在二十歲時，我相信總有一天我會結婚。某一天，當我宣布要不婚時，身邊的人都感到詫異，許多人打著「為我好」的旗號說出傷人的話。我試過用各種方式來回應無數的偏見和無禮，有時自嘲、用笑容帶過或選擇不回答。但無論我怎麼處理，內心的傷痛越來越深。

直到某一天，當我回答那些無禮但無意傷害我的問題時，突然產生了疑問。為什麼我一直讓那些根本不了解我真正想法的人影響我，還不斷為自己解釋呢？我對我的人生感到很滿足，而且現在變得更幸福、更堅定，我可以自信地說：「我現在終於找到了我人生的方向！」我有必要向他們解釋、回答問題嗎？他們是抱持什麼信念與想法，才如此關心別人的生活，不停發表無禮的言論呢？他們其實並不想要答案吧。

確切地說，他們並不是真心關心我們。常常展現這種言行的人，若真心關心不婚人士，應該先了解社會是如何塑造不婚人士的不良形象，並將之汙名化，排除在政策對象之外。此外，他們應該對不婚人士所承擔的風險和不公正產生共鳴和憤怒。

他們卻將不婚人士貼上「怪咖」的標籤，並逼迫他們做出與自己相同的選擇，打著「愛你」的名義，按照自己的標準評斷別人，如果對方不聽勸，就將其視為傻瓜。這樣一來，不加思索行動的人會更多，對他人的生活指手畫腳，並發表否定的言論。我們反而應該對那些公開展現真實內心的人感到遺憾。

即使明白這個道理，每次聽到傷人的話仍難以不受影響地說：「即使你扔出的石頭打亂我內心的平靜，但我還是要保持冷靜。」我們也不能每逢節日就製作網路流傳的嘮叨價目表[14]。

我假想了幾種情況，把結婚主義者分成三種例子。讓我們一起練習看看，把你的應對方式填入空格。

［案例1］

金討厭：說不結婚的人最後都會先結的。

金不婚：我以後也不打算結婚。

金討厭：那是因為你還沒遇到好對象，你太小了，還不懂人情事故才會這樣說。

金不婚：？

［案例2］

朴八婆：家人是最棒的，所以一定要快點結婚啊。

金不婚：我不打算結婚。

朴八婆：要是以後老了、病了，又沒有家人，你會孤老一生！要有另一半和子女才有人照顧你啊！

金不婚：？

［案例3］

李胡說：不婚小姐，你真的不想結婚？

金不婚：是啊。

李胡說：一個人過的人都很自私，只想自己過好日子，享受稅金優惠。我們的下一代都得撫養獨居老人了。

金不婚：？

是否已經看得頭痛又厭倦？遇到這種情況，你會怎麼回應？每次都笑著轉移話題嗎？那麼對方永遠不知道自己造成了他人的不舒服，下次照樣會繼續說出無禮言行。如果有條不紊地說明，讓他再也問不出這種問題，這樣當然會很痛快，然而從我們生活的社會對話特性來看，這種對話往往會讓認真回答的你被視為太敏感的人。

面對這種情況，我建議你反問對方相同的問題。這是個不錯的方法，既不會讓你感到被動和沮喪，又不會影響到社交生活。讓我們再看一次：

14 網路流傳的迷因。對親友的無禮言論予以定價。如：問「你為什麼胖了？」時需付一萬韓元；問「你的年薪多少？」時需付兩萬韓元。

［案例1］

金討厭：說不結婚的人最後都會先結的。

金不婚：我以後也不打算結婚。

金討厭：那是因為你還沒遇到好對象，你太小了，還不懂人情事故才會這樣說。

金不婚：什麼才是好對象？／看來你那個討厭的另一半是很棒的人啊？／（假設對方未婚）所以你還在等那種人嗎？

［案例2］

朴八婆：家人是最棒的，所以一定要快點結婚啊。

金不婚：我不打算結婚。

朴八婆：要是以後老了、病了，又沒有家人，你會孤老一生！要有另一半和子女才有人照顧你啊！

金不婚：你身邊的例子都這樣嗎？有人生病時，另一半都會無微不至地照顧嗎？（實際上，配偶得重病時，離婚率會增加）

［案例3］

李胡說：不婚小姐，你真的不想結婚？

金不婚：是啊。

李胡說：一個人過的人都很自私，只想自己過好日子，享受稅金優惠。我們的下一代都得撫養獨居老人了。

金不婚：單人家庭能享受很多稅金優惠嗎？有哪些優惠呢？

可能有人會覺得「哎，這種回答未免太不痛不癢了吧」，但我們也不可能每次都予以痛擊。一開始對方可能會咬緊牙關地回答問題，但要是他每次都問這種無禮的問題，自己也會難以應付。我們的目的是減少對方說出無禮言語的次數，所以，請繼續反問吧。

在別人問你「你是不婚主義者嗎」前，不必刻意向人宣傳。我們只是選擇了不婚的生活方式，並不需要向他人證明或解釋。這並不是隱瞞，而是沒必要，也不必讓自己陷入無謂的麻煩，或強迫自己去解釋讓對方理解。與其不斷重複這樣的過程，倒不如思考一下自己為何這樣在乎對方的理解，以及為什麼對方的話讓我不開心。在生活中展現自己的價值觀，與希望他人認可我們的每個行動是兩回事。

假如有人問你「為什麼不結婚」、「你不懂婚姻的樂趣」，你可以坦然展示你的生活，無需迴避。你可以回答「我正在努力經營生活，並期許更精采的未來」、「我現在過得很開心，有很多好朋友，一個人也很快樂很忙碌」。這樣就足夠了。但假如對方再問「以後不會孤單嗎？」你可以回答前面的內容，或是反問對方「結婚就不會孤單了嗎？」因為一切都起源於對方的偏見，與其直接回答，不如透過反問讓對方自行思考。當然也有人不懂得察言觀色或壓根不想思考，那麼有時比起追求效率與勝利的對話，應該進行有經濟效益的對話。你可以忽略他們的話。他們可能受到長期以來的習慣影響，無法擺脫「只有結婚才能幸福」、「只有結婚才算融入社會」的思維框架。你可以視之為「那個人就是這樣的」，然後拋在腦後。

最重要的是，面對社會上的偏見和評價，你要毫無掩飾地如實表達自己的想法。為了做到這一點，你要充分了解自己，接受並理解自己的一切。唯有如此，你的內心才會安定。不管你是已經在過不婚生活、剛決定不婚，或正在考慮不婚，都要對自己的選擇充滿信心。請相信自己，善待自己，在他人試圖侵犯你的底線時，堅定地站在自己的立場上，不要把掌控你心情和人生抉擇的權力交給別人。你的人生由你主宰。

結語
從此以後，不婚的人過著幸福快樂的日子

假如你細讀這本書，翻到這裡時一定會有這樣的感覺。這本書從宏觀的角度探討了社會如何對待不婚現象，然後逐步轉向微觀，介紹了個人的不婚生活。PART 1講述了對不婚現象的整體觀察。其中最重要的是分析社會對不婚人士的認知，以及常常混淆的不婚與未婚概念。透過這些觀察，我們發現不婚不僅僅意味著沒有結婚，而是一種主動決定，選擇獨自追求自己人生的方式。不婚的選擇並不會使你成為茫茫人海中的孤獨浮標。全球不婚人數的增加，政府對不婚人士的政策重視，以及媒體上對不婚文化的迅速發展，都充分地證明了這一點。

PART 2則從社會角度對決定不婚的個人進行深入探討，了解他們如何尋求生活的可能性。在書的開頭提出了「為什麼」，而在這部分則揭示了社會規範的矛盾之處，並找出人們因為不婚而能更專注於其他事務的原因，包括因為社會認知和對未來的不安而失去的潛力和信心等。

PART 3基於前兩章的內容，詳細說明了過好單人家庭生活的必要條件，以及如何創造這

些條件。特別是針對那些選擇不婚卻不知如何好好生活的人，我們詳述了各種不婚生活中的實用內容，如金錢、稅收、保險、房地產、居住環境和運動等方面的事項，這些都是不可或缺的。

也許有些人看到這裡會感嘆「一個人生活要準備的東西好多，好累啊。」萬事起頭難，我們寫這本書的初衷，就是希望成為你不婚生活的跳板，讓你能輕鬆地展開不婚生活。

在PART 4中，我們寫下了即使面對社會的汙名化，仍能專注於自己，享受快樂的生活。我們強調個人的潛力與力量，並探索實現這些目標的方法和方向。同時，我們也試圖探討如何擴大外在影響力，同時深入挖掘內心，蛻變成為更成熟的自己的過程。

現在我們正處於關注「不婚」而非「未婚」的時代。從「尚未結婚」到「決定不結婚」，這段時間一直是艱難且停滯的。不過很幸運地，我們已經獲得很大的進展。現在，在媒體上公開表示不婚的人，不再受限於「總有一天會結婚」的框架，而能夠真實展現自己。相比以往被灌輸的選擇，現在有很多人能在多樣的選項中，選擇符合自己心意的生活方式。

這本書由五位作者共同創作，他們回顧了各自的歷程。有人想不起自己是何時決定不婚；有人曾被社會說教影響，覺得應該隨波逐流；有人曾認為結婚是人生的一個自然階段，也是一種喜悅。然而，我們這些過著不同生活的人，將不婚生活融入自己的選擇中，並毫不猶豫地選擇了這種精采的生活。

為了不婚人士的團結與進步，我們聚在一起共同創作了這本書。回想起第一次見面，我們充滿了想法，卻因缺乏技術、資本與空間而感到困擾。可是我們以「不婚」作為共通點，並懷著「想與其他不婚者交流」的渴望為動力，努力走到了這一步。五位原本互不相識的人聚在一起，共同探索那些無法完全把握的抽象概念與價值，這個過程比我們原先想像得更具挑戰性。

儘管我們總是開玩笑自稱為「無知瞎搞五人幫」，但背後隱藏著無數的難關與克服難關的艱辛。但我們仍然很開心，這些過程讓我們更加了解與適應彼此。現在我們已經進化成比「瞎搞」更高層次的階段，變成了一輛會發出嘎吱聲，搖搖晃晃前進的自行車。我們每個人都有自己的工作，經營共同體只是我們的第二份或第三份工作。因此，每當提到工作時，氣氛可能會變得緊張。不過，我們逐漸積累了對彼此的理解，相互配合，不知不覺間成了彼此可靠的支持與依靠。

當我們第一次收到出版提議時，喜悅與期待彷彿草創不婚生活共同體時一樣，我們渴望推廣對不婚的正面認知，讓仍為不婚煩惱的人們知道，不婚也可以像我們一樣過得幸福。並透過這本書，向那些孤獨地獨自生活的人伸出援手。

這本書是出於給予某些人勇氣與安慰的初衷而開始的，但說實話，非常辛苦。正如前面所說，我們各自都有工作，必須抽出時間合寫這本書，再加上我們雖然曾在社區雜誌上發表文章，卻非職業作家，發表文章與完成一本書是完全不同的挑戰。將五位作者的心血結合成一體，是一段必要、有價值且有意義的時光。在創作過程中，我們從多方面地深入研究了不婚生活，深刻感受到這本書所強調的核心主題「在一起的力量」。

我們看似代表不婚人士，實際上只是生活在這個社會的個體。希望這本書如同其名，詳細介紹了不婚與獨自生活，雖然沒能涵蓋所有該學習的部分。但如果沒有彼此，我們絕不可能完成這本書。

這本與不婚相關的書，得益於無數活在當下的不婚人士。經營不婚生活共同體的同時，我們始終記得一件重要的事：我們是傳達不婚故事的載體。希望未來更多不婚人士無需受他人干涉，被尊重地融入社會，享有應有的權利，並擁有自己喜愛的生活。時代不斷變遷，理想的生活型態和家庭型態也在改變，我相信我們選擇的這條路，是在當今時代能過上美好生活的明智選擇。

在書的最後，我們特別收錄了「寫給自己的信」。就像書中所強調的處理情緒、了解自我一樣，我們要善待自己，持續了解自己。希望讀者能以「原來在世界某處的不婚朋友是這樣生活的啊，我也希望自己能這樣生活」的心情來細讀這些來自朋友的真摯語句。為了讓你也有寫信的機會，我們在書中預留了一些空間，希望你勇敢拿起筆，寫下自己的心聲，並好好珍藏起來。

不婚生活其實從過去就一直存在，只是未曾受到太多關注和記錄而被忽略了。我們心懷「這裡有與我們同樣選擇不婚的人」的情感，寫下這本書，希望散落在世界各地的不婚人士透過這本書能感受到我們彼此相連的情感。願我們在決定人生道路時的那顆心，同樣願你在決定自己人生道路時的那顆心，永遠健康快樂。

寫封信到未來，給獨自生活的自己

娜里：給和許多人並肩同行的我

我不確定這封信會寫給多久以後的你，所以一再修改，但有一點我確定，無論你是明天的我還是十年後的我，你一定會持續做你想做的事情，而且身邊一定會有人了解你的價值，你們會視彼此為珍貴的存在。

還記得第一次決定不婚時嗎？當我面對現實，發現這條路並不如想像中容易，感到有點吃力。有些事超出了我的預期，讓我覺得自己處在迷宮之中，甚至感到無力。因為我選擇了不婚，我覺得必須獨自承擔一切，所以更感到害怕。但幸好我很快就明白，不婚並不是讓我孤單一人，而是給我更多機會遇到不同的夥伴。這樣的領悟讓我的徬徨並不長。雖然我偶爾還是會想起當時的茫然和恐懼，但總有人在我身旁推我前進，給我鼓勵和支持。多虧這些人，我獲得了勇氣和安慰，做了許多挑戰，並和不同領域的人交往。我的生活變得豐富，而且持續迎接新挑戰。

當然，並不是每次都會順利。在踏上新的挑戰之旅時，經常還沒邁出第一步就摔倒，即使自認為進展順利，但在某個時刻振作起來後，會發現自己走上了完全不同的路，因此有過很多失敗和挫折。閱讀這篇文章的你，也許會用一些我尚未經歷過的經驗回顧更多過去吧。我相信，一次又一次的挑戰和失敗，會讓你變得更加智慧和堅強。最重要的是，你已經擁有重新開始的勇氣。明白那些困難的事情不是你獨自完成的，而是與珍貴的人一起作到，這已足夠幸福。

我現在也很明白，年紀增長並不意味著所有事都會變得完美。無論是工作還是人際關係，你仍會經常犯錯和遭遇失敗。作為了解你最深的人，假如未來的你正經歷困難，我想給你一些安慰：「休息一下再前進吧！」但只能短暫休息一下下喔，你要記住，如果休息太久，就可能陷入無休止的無力感。適時休息後，再邁開腳步。在被負面事物束縛前，先前往有人等待你的地方。無論是困難還是幸福的時刻，都別忘記身邊珍貴的人。在不婚的生活中，你之所以能增加可能性，是因為有與你心意相通的人。這也是我想對現在的自己說的話。

就像你在生活中從很多人那裡得到啟發、安慰和鼓勵一樣，我真心希望你也能成為對某人產生正面影響的人，並為你加油。希望你永遠堂堂正正地面對生活，我也會努力堂堂正正地迎接未來的你。讓我們開心地相見吧。

亞藍：給總有一天會翻開這本書的你

最後一次寫信給自己是什麼時候呢？我想不起來，應該不是最近。和別人眼中我的職業形象相反，寫信給自己到現在還是讓我感到尷尬。對他人能流暢地說出的話與展現的愛，對象換成自己，偶爾會讓我感到遲疑。當我有重新翻開這本書的勇氣時，不知道這封信會不會顯得太稚嫩。

回想過去，我是個好惡非常明顯的人，討厭的東西連看都不看一眼。但真奇怪，在決定不婚後，我好像都在做我討厭的事。我喜歡獨處，很難和別人一起工作，還曾因為小組作業太多而退學。我們五個人能一起合作，真的很神奇。我甚至從事了不需認識很多人的工作，幸好工作很愉快！

我們五個人依然在跌跌撞撞中前進，但我喜歡現在的過程。一開始雖然有想證明的渴望，也曾因為彼此想法不合而爭執。但我們之所以能感受到一起度過的時光有多愉快，並有所成長，就是因為我們相互理解，並且接受過程中出現的錯誤。

現在我能用心靈感受到從「友情」乃至「連結」帶來的意義，而不是僅用頭腦理解。我希望未來讀到這封信的你仍能對他人給予的善意心存感激，並回饋對方。不婚生活不僅鞏固了你的價值觀，也使你更融入這樣的生活方式，這都得歸功於你身邊那些珍貴的不婚朋友。

就在兩三年前，我還在為結婚、生孩子、談戀愛而擔心，現在卻夢想著一個截然不同的生活方式和美好的未來。不要對生活妄下定論！雖然我把這句話銘記在心，有時仍感到驚訝，覺得事情居然發展得如此有趣。我也對自己的改變感到神奇。

過去的我雖然努力奔跑，卻不知道要前往何處，總覺得喘不過氣，非常痛苦。但現在的我之所以能抓住機會前進，是因為當初的我沒有放棄，持續努力奔跑。換句話說，只要我堅持做現在在這裡能做的事，不知不覺間，我就會發現背在肩上的不安和恐懼，已經被拋在路上了。

我決定不婚的時刻並不是個正面的時刻。當時我以為我放棄了很多東西，感到灰心喪志，只因為覺得必須做決定才選擇不婚。可是當我回顧過去這一、兩年，才發現不婚並沒有讓我放棄任何事物，也沒有對任何事絕望。相反地，我感受到了過去渴望從一對一關係中獲得的愛與充實感（因為總是感受到，所以我不能說謊。相信讀這本書時，我的感受會更強烈吧。）。

雖然人生充滿未知的冒險，無法預測將來會走向何方，但有一件事是確定的：希望你永遠不要忘記「連結」與「愛」，要成為善於與身邊人分享的人。這是我唯一的期望。我相信你有這樣的能力。我要為那個偶爾會遇到低潮、但總是能重新振作，繼續前進的你加油打氣。希望你的身心都能保持健康。

相似：給過著不婚生活的你

我無法預測未來的生活會是怎樣，我會有多少資本，或生活的型態。雖然我對未來有所期望，但不婚的生活充滿了太多可能性，實在很難預料。但唯一確信的是「不婚」這個決定，我深信你會過得很好。我不擔心未來的你會結婚。不是因為「寫了這樣的書」，而是因為我比任何人都清楚，無論你的內心多麼脆弱，面對多少困難，你都會自立自強，不會用結婚來逃避現實。我說的對吧？請給我肯定的答案。

我想對看著這封信的未來的你說：「真的辛苦了！」這句話或許很老套，但對一直奔跑的你來說，這句話的安慰力量遠比想像中大。我在二十代時就是這麼覺得的。而在三十代、四十代，甚至以後，我的本質都不會改變，所以我希望能給予你一點安慰。

未來的我會變得更堅強嗎？其實我並不認為現在的我是軟弱的，但目前我還沒有自己的房子，什麼都還沒有。我希望未來的你能擁有一間屬於自己的房間和足夠的資本，成為更加穩固的我。這個願望或許很微小，實現起來卻不容易。因為對不婚人士來說，經濟實力是最重要的。

我不知道未來的你是否還在努力做現在正在做的事，是在追求自己想要的事業，還是尋找新的才能轉換跑道，或者繼續經營ｅｍｉｆ。當我將目光從社會對結婚、懷孕、生育、育兒的規定移開，我看到了無限的可能性。我的人生並不僅限於一種方式，真是太好了。現在的你還在煩惱嗎？我認為煩惱並不是壞事。無論你想做什麼，開始永遠不嫌晚。

在未來，ｅｍｉｆ將以何種意義存在？不婚的意義會不會消失，我們可能不再需要這個地方，這種願望是不是太樂觀了？在我死之前，不婚能被視為一種生活型態，並得到尊重嗎？到你那個時候，說自己是不婚人士，不會再承受無休止的人身攻擊了嗎？希望沒有了。不論ｅｍｉｆ的形式如何變化，我都期望與在ｅｍｉｆ認識的人能互相支持，共建美好的生活。因為我已經見證了彼此聚集所帶來的強大力量，所以我將守護這份珍貴，不會輕易放棄。

這是一段充滿挑戰的生活。世界上會有各種事物不斷讓你感到疲憊，即使你願意迎接挑戰，仍可能感到困難。然而，這也是一段必定充滿快樂的生活。因為我們可以隨心所欲地塑造生活，活在一個將這樣理所當然的選擇視為不理所當然的社會。我只希望你一定要好好生活，堅強地生存下去。還有，希望你不要嘲笑過去霸氣的相似。

寒星：嗨，你過得好嗎？

從我決定不結婚，並表示要為不婚人士的團結而活的那天開始，不知過了多久。隨著環境改變、身邊人的變動、見面的人類型也改變，你是否逐漸平穩下來？別人總是要問為何對這個世界如此不滿，現在的你是否已不再受到這種問題困擾？畢竟你選擇不婚不是為了與人爭吵。如果是，那真是太好了。我衷心祝福你一切安好。

我最好奇的是，現在的你是否過得開心？在辛苦奔忙後，能在需要休息時暫時放鬆嗎？對關心你的人，你表現得友善嗎？希望你看到這個問題時，腦中能浮現更多一起歡笑的面孔。我相信你已深刻理解那些朋友和同事的珍貴。那些想像活得像你一樣的朋友，到現在是否還是你身邊寶貴的人生夥伴？我們不是約好了，你會享受人生，走向更好的方向，並啟發更多像你一樣生活的人。每年至少要啟發一個。我們說好你會與那些朋友並肩同行，讓他們不會後悔。我們說好要用行動，而非言語，積累健康的信賴關係。

你曾經非常不安，雖然覺得獨處是很自然的，但面對那些陌生事物，你經歷過很多困惑。你喜歡與人交往，建立關係，所以相較於承諾終身與單一對象，你更喜歡與多數人互動。還記得嗎？在一對一的關係中，你曾經徬徨地渴望一個能消除自私心態的對象。在沒有固定模式的關係中，徹底擺脫做任何事都被視為奇怪的束縛並不容易。但現在的你已經習慣了吧？在不再限制在「只有兩個人」的範疇下，遇見更多「我們」的可能性，你依然擁有那種快樂吧？我為你不再感到不安而自豪。

你一定很累了。現在，你應該在那條路的某個地方。我要恭喜你平安度過了想停下來的時刻。你只是想幸福地過你選擇的生活，卻不得不面對帶有偏見的目光。你一直在和那些肆無忌憚發表偏見言論的人進行角力，每當那種時候，你雖然沒有放棄，卻也沒失去更多往前跑的力氣，只能回首來時路，默默放慢腳步。我能明白你的心。我能看到你隱約笑著說跑步好累。等到事情過去，你才發現那根本沒什麼大不了，照著自己的想法，照著自己的意願生活的你有多帥氣。看到那樣的你，我很踏實。

今天的你有什麼冒險呢？現在你一定也過著忙碌的生活，努力構想並試圖實現吧？為了走出自信優雅的步伐，辛苦了。你可以不用那麼優雅，也可以跌跌撞撞，雖然你說過，你想成為一個游刃有餘的人。

從五歲起，奶奶不斷教導你：「有品位、有品味的生活來自於從容。」不過今天我吃了一驚，因為你現在的表情看起來很幸福。擁有了過去渴望的東西的你看起來真的很棒。你深邃的眼神裡隱藏稚嫩的神情。真是又酷又可愛。啊，我該走了。我花了太長時間回味與你的回憶。今天就到這裡吧。但無論何時，假如你想見我，就再來找我。我很期待那天的你會是什麼樣子。好好保重。

賢智：給選擇獨自前行的我

你好。你現在在哪裡看這封信呢？雖然不知道你在哪裡，過著怎樣的生活，但無論如何，你一定要堅持熬過與現在不同的每一天。

首先，回顧截至二〇二〇年的短暫一生，我就像個無頭蒼蠅似的，該努力時拚命奔跑，該停下來時卻像當場停擺。該說是我孩童時期不懂事的表現，還是天性使然呢？我常開玩笑地對熟人自稱為「沒有中間值」的人，這句話並不是完全虛言。

你在人際關係上從小就沒有中間值，對人的信任或不信任都成了問題。有很多事讓你哭泣，或因為太相信人而陷入困境，或因為不相信人而受到指責。但請記住，無論如何，你必須繼續前行。現在的傷口就像一道波浪，將你推來推去。就像玻璃碎片在海浪中浮沉數十年，最終變成美麗的碎石。當你閱讀這封信的時候，我深信你已經成為一個即使獨自一人也足夠耀眼與堅強的人。

隨著年紀越長，風浪變得越來越猛烈。希望這封信成為一個指南，讓未來在巨浪要吞噬你時，不再獨自擦拭淚水。當你不知道該去哪裡時，要向身邊的人伸出援手。一個人經歷的事情是記憶，但很多人共同經歷的事情是回憶，就算是三十年後還在聽那些英雄故事也不錯。假如不想再聽下去，大聲呼喊也沒關係，千萬不要自己消化。箭的目標原本是瞄準外面，為了更美好的未來而存在的。

也許你會笑，此刻我身分證的墨水還未乾透，言語間卻有種洞悉世事的老成感，或許你會跳過這一頁，覺得這是你不願回顧的過去。但我寫這封信給你，因為你並非如此不成熟。你身邊有許多珍貴的人，這證明你自己也同樣珍貴。我想對努力付出的你說聲辛苦了，而不是加油。這句話包含著我難以言喻的種種情感。

寫封信，給未來的你自己

作者、譯者簡介

作者群｜不婚女性生活共同體｜emif

以「be the Elite without Marriage, I am going Forward.」為宗旨——「不婚」並非「還沒結婚」，而是「選擇不結婚」。此共同體讓更多人看見、理解這個新時代的生活方式，並且找到志同道合的夥伴。自二〇一九年四月起，持續舉辦各種以不婚、女性、單人家庭為主題的活動。本書即為「emif」的共同代表與成員，根據自己的生活經驗與思考所寫下的作品。

姜寒星——媒體業資歷九年。喜歡邊工作邊喝威士忌，偶爾彈鋼琴。善於利用與人見面所獲得的能量，努力創造更美好的邂逅。

金亞藍—諮商心理研究生五年級（?!）。希望為女性的精神健康作出貢獻，更重視快樂健康的生活。

李相似—從文組進入工大，有著工大的理性與文組的創意。熱愛寫作、學習機械設計，在需要技術的時刻，總是散發光芒的專業技術人員。

池娜里—從事室內裝潢設計四年。座右銘是追求快樂又機智的生活。在emif負責打造出更加清晰的不婚生活概念。

河賢智—社會學系畢業。好奇心滿滿，善於引導對方敞開心扉。目前是和悠哉的貓咪一起生活的貓執事。

譯者—黃莞婷

臺灣科技大學資管碩士，現為全職文字工作者。譯有《討厭媽媽的我，是不是個壞女兒》、《重設界線》、《逆行人生》、《解讀殺人犯》等。

我想要獨自生活！SOLO時代到來，不婚不生，活出不將就的理想人生／姜寒星（강한별）、金亞藍（김아람）、李相似（이예닮）、池娜里（지나리）、河賢智（하현지）著. 黃莞婷 譯. -- 初版. – 臺北市：時報文化，2025.5；--（VIEW；155）
譯自：비혼수업
ISBN 978-626-4194-051（平裝）

1.CST：獨身

544.386 114003923

ISBN 978-626-4194-051
Printed in Taiwan.

VIEW 155

我想要獨自生活！SOLO時代到來，不婚不生，活出不將就的理想人生

비혼수업

作者 姜寒星、金亞藍、李相似、池娜里、河賢智｜**譯者** 黃莞婷｜**主編** 尹蘊雯｜**執行企畫** 吳美瑤｜**封面設計** 之一設計｜**副總編輯** 邱憶伶｜**董事長** 趙政岷｜**出版者** 時報文化出版企業股份有限公司 108019臺北市和平西路三段240號3樓 發行專線—（02）2306-6842 讀者服務專線—0800-231-705・（02）2304-7103 讀者服務傳真—（02）2304-6858 郵撥—19344724時報文化出版公司 信箱—10899臺北華江橋郵局第99信箱 時報悅讀網—www.readingtimes.com.tw 電子郵件信箱—newlife@readingtimes.com.tw｜**法律顧問** 理律法律事務所 陳長文律師、李念祖律師｜**印刷** 紘億印刷有限公司｜**初版一刷** 2025年5月16日｜**定價** 新臺幣450元｜（缺頁或破損的書，請寄回更換）

時報文化出版公司成立於1975年，1999年股票上櫃公開發行，2008年脫離中時集團非屬旺中，以「尊重智慧與創意的文化事業」為信念。